趣玩诗词系列

## 步步为营
# 诗词填字

张祥斌 编

华语教学出版社

图书在版编目（CIP）数据

步步为营：诗词填字/张祥斌编.—北京：华语教学出版社，2021.5
（趣玩诗词）
ISBN 978-7-5138-2036-3

Ⅰ.①步… Ⅱ.①张… Ⅲ.①古典诗歌—中国—中小学—教学参考资料 Ⅳ.① G634.303

中国版本图书馆 CIP 数据核字（2020）第 221940 号

# 步步为营：诗词填字
（趣玩诗词系列）

| 出 版 人 | 王君校 |
|---|---|
| 编 者 | 张祥斌 |
| 策 划 | 翟淑蓉 陈晶 彭博 张超 王喆 |
| 责任编辑 | 翟淑蓉 |
| 封面设计 | 北京鸿儒白丁文化传媒有限公司 |
| 排版制作 | 济南易色文化传媒有限公司 |
| 出 版 | 华语教学出版社 |
| 社 址 | 北京西城区百万庄大街 24 号 |
| 邮政编码 | 100037 |
| 电 话 | （010）68995871 |
| 传 真 | （010）68326333 |
| 网 址 | www.sinolingua.com.cn |
| 电子信箱 | fxb@sinolingua.com.cn |
| 印 刷 | 大厂回族自治县彩虹印刷有限公司 |
| 经 销 | 全国新华书店 |
| 开 本 | 16 开（710×1000） |
| 字 数 | 144（千） 11.5 印张 |
| 版 次 | 2021 年 5 月第 1 版第 1 次印刷 |
| 标准书号 | ISBN 978-7-5138-2036-3 |
| 定 价 | 38.00 元 |

（图书如有印刷、装订错误，请与出版社发行部联系调换。联系电话：010-68995871、010-68996820）

# 前 言

  曾经有这样一个调查：你一年大约能写多少个字？很多人不约而同地说："除了签名的时候写三两个字以外，好像没有什么机会和场合写字了。"不过也有人会立刻补充说："我在做填字游戏的时候能写很多字。"信息时代，网络高度发达，无论是传媒还是阅读，都已经普遍电子化，纸媒虽然已退守一隅，却仍有不可替代的地位。填字游戏能唤回久违的书写习惯，让我们不至于提笔忘字。尽管平日里工作和学习很忙，当我们拿起一本填字游戏的书，或者翻开一份报纸，看到上面有填字游戏时，都会忍不住拿起笔挥洒一下，既锻炼了自己的智力，也顺便舒缓了自己的心情。即使在手机上看到电子版的填字游戏，也会不由自主拿出纸笔又写又画。填字游戏可以一个人自娱自乐，体会一个个题目被攻克的喜悦；也可以三五好友一起推敲，在争论中比试一下各自的知识量。

  诗词填字游戏以诗词为载体，读者可以根据下面含有诗句的标题、作者等提示信息，按表格中序号的方向将空格填满，使之无论从横向读还是从纵向读，都能连成一句诗词。

  近几年来，《中国诗词大会》已经成为最受欢迎的文化类电视节目之一。看过这个节目的观众一定会对"飞花令""看图猜诗句"这两类题目印象深刻。这两类题目都是借助关键字词对诗句进行联想、再现，这点与诗词填字游戏相同，可以说，诗词填字游戏是练习这两类题目的绝佳素材。

　　本书中的诗词填字游戏由易到难，分为热身级、挑战级、竞赛级三个级别，读者可以根据自己的诗词储备量选择适合自己的级别。涉及的诗词不仅涵盖了中小学教学大纲、新课标要求必背的所有诗词篇目，而且还涉猎了《诗经》《唐诗三百首》《宋词三百首》《元曲三百首》《千家诗》《毛泽东诗词选》等中国传统优秀诗集中的精华篇目，以及生活、工作中常见的许多诗词名句。错落有致的图案，构成了一座座诗词迷宫，读者可以在游戏中感受中国诗词的魅力。

# 目录

- 热身级 1
- 挑战级 77
- 竞赛级 129
- 参考答案 145

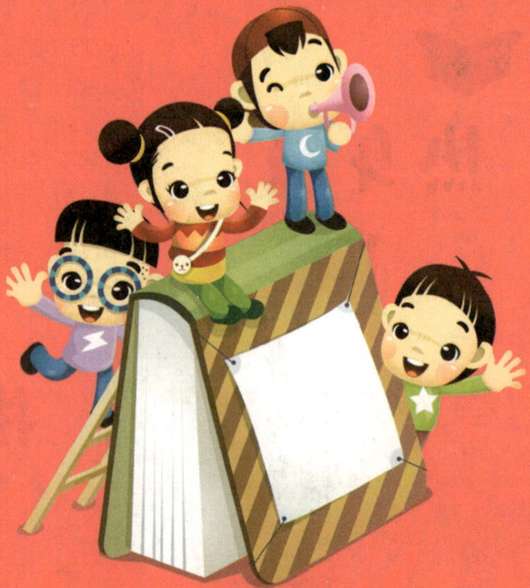

# 热身级

# 步步为营：诗词填字

## 横向题目

1. 〔宋〕邵雍《山村咏怀》
2. 〔唐〕杜甫《绝句二首·其二》
3. 〔唐〕孟浩《然过故人庄》

## 纵向题目

A. 〔汉〕曹操《短歌行》
B. 〔唐〕李白《登金陵凤凰台》
C. 〔唐〕白居易《问刘十九》

二

**横向题目**

1.〔宋〕邵雍《山村咏怀》
2.〔唐〕杜甫《月夜忆舍弟》
3.〔宋〕李清照
 《如梦令（常记溪亭日暮）》

**纵向题目**

A.〔现代〕毛泽东《菩萨蛮·黄鹤楼》
B.〔宋〕范仲淹《渔家傲·秋思》
C.〔唐〕虞世南《蝉》

# 三

## 横向题目

1. 〔宋〕邵雍《山村咏怀》
2. 〔唐〕韦应物《滁州西涧》
3. 〔唐〕王维《青溪》

## 纵向题目

A. 〔唐〕白居易《长恨歌》
B. 〔唐〕李白《雨后望月》
C. 〔唐〕杜甫《遣意二首·其一》

## 四

### 横向题目

1. 〔宋〕邵雍《山村咏怀》
2. 〔北朝民歌〕《木兰诗》
3. 〔唐〕岑参《白雪歌送武判官归京》

### 纵向题目

A. 〔汉乐府〕《十五从军征》
B. 〔唐〕李白《望天门山》
C. 〔唐〕孟浩然《宿建德江》

# 五

## 横向题目

1. 〔唐〕白居易《暮江吟》
2. 〔唐〕白居易《问刘十九》
3. 〔宋〕苏轼
   《江城子·乙卯正月二十日夜记梦》

## 纵向题目

A. 〔宋〕叶绍翁《游园不值》
B. 〔唐〕王建《十五夜望月寄杜郎中》
C. 〔唐〕白居易《池上》

六

## 横向题目

1. 〔唐〕白居易《暮江吟》
2. 〔宋〕欧阳修《生查子·元夕》
3. 〔唐〕贾岛《寻隐者不遇》

## 纵向题目

A. 〔唐〕杜甫《赠花卿》
B. 〔宋〕宋祁《玉楼春·春景》
C. 〔宋〕苏轼
《江城子·乙卯正月二十日夜记梦》

# 七

## 横向题目

1. 〔唐〕白居易《暮江吟》
2. 〔唐〕刘长卿《九日登李明府北楼》
3. 〔唐〕孟浩然《早寒江上有怀》

## 纵向题目

A. 〔唐〕杜甫《江畔独步寻花七绝句·其五》
B. 〔唐〕王勃《蜀中九日》
C. 〔宋〕张先《行香子·般涉调》

八

### 横向题目

1. 〔唐〕白居易《暮江吟》
2. 〔唐〕李白《独坐敬亭山》
3. 〔唐〕刘禹锡
   《杏园花下酬乐天见赠》

### 纵向题目

A. 〔宋〕晏殊
   《浣溪沙（一曲新词酒一杯）》
B. 〔唐〕李白《月下独酌四首·其一》
C. 〔明〕唐寅《一剪梅》

## 九

**横向题目**

1. 〔唐〕柳宗元《江雪》
2. 〔唐〕贾岛《寻隐者不遇》
3. 〔宋〕范仲淹《渔家傲·秋思》

**纵向题目**

A. 〔宋〕苏轼《念奴娇·赤壁怀古》
B. 〔唐〕李白《望庐山瀑布》
C. 〔唐〕韦应物《秋夜寄邱员外》

热身级

1 A　　B

2　　　　　　C

3

### 横向题目

1. 〔唐〕柳宗元《江雪》
2. 〔战国〕屈原《九歌·少司命》
3. 〔宋〕陆游《钗头凤（红酥手）》

### 纵向题目

A. 〔唐〕杜甫《登高》
B. 〔宋〕苏轼
　《水调歌头（明月几时有）》
C. 〔宋〕李清照《夏日绝句》

## 十一

### 横向题目

1. 〔唐〕柳宗元《江雪》
2. 〔现代〕毛泽东《沁园春·雪》
3. 〔唐〕杜甫《赠卫八处士》

### 纵向题目

A. 〔唐〕白居易《钱塘湖春行》
B. 〔唐〕杜甫《春夜喜雨》
C. 〔唐〕刘长卿《饯别王十一南游》

## 十二

**横向题目**

1. 〔唐〕柳宗元《江雪》
2. 〔宋〕朱熹《观书有感二首·其一》
3. 〔唐〕王湾《次北固山下》

**纵向题目**

A. 〔唐〕王维《九月九日忆山东兄弟》
B. 〔唐〕白居易《忆江南三首·其一》
C. 〔唐〕杜甫《登楼》

## 十三

**横向题目**

1. 〔唐〕孟浩然《春晓》
2. 〔唐〕韩愈《早春呈水部张十八员外二首·其一》
3. 〔唐〕杜甫《佳人》

**纵向题目**

A. 〔唐〕杜甫《绝句二首·其一》
B. 〔唐〕王维《画》
C. 〔唐〕王维《画》

## 十四

**横向题目**

1. 〔唐〕孟浩然《春晓》
2. 〔唐〕李白《菩萨蛮（平林漠漠烟如织）》
3. 〔唐〕王维《竹里馆》

**纵向题目**

A. 〔唐〕司空曙《贼平后送人北归》
B. 〔唐〕王昌龄《采莲曲》
C. 〔唐〕李颀《送魏万之京》

## 十五

**横向题目**

1. 〔唐〕孟浩然《春晓》
2. 〔宋〕陆游《钗头凤（红酥手）》
3. 〔唐〕刘方平《春怨》

**纵向题目**

A. 〔唐〕王维《杂诗三首·其二》
B. 〔宋〕唐婉《钗头凤（世情薄）》
C. 〔汉〕曹操《短歌行》

## 十六

**横向题目**

1. 〔唐〕孟浩然《春晓》
2. 〔唐〕李商隐《无题》
3. 〔唐〕王维《相思》

**纵向题目**

A. 〔清〕龚自珍《己亥杂诗三百一十五首·其五》
B. 〔南唐〕李煜《忆江南（多少恨）》
C. 〔汉〕曹操《短歌行》

## 十七

**横向题目**

1. 〔唐〕王之涣《登鹳雀楼》
2. 〔唐〕张若虚《春江花月夜》
3. 〔汉〕曹操《短歌行》

**纵向题目**

A. 〔唐〕白居易《忆江南三首·其一》
B. 〔宋〕晏殊
  《蝶恋花（槛菊愁烟兰泣露）》
C. 〔宋〕欧阳修
  《渔家傲（露裛娇黄风摆翠）》

# 十八

## 横向题目

1. 〔唐〕王之涣《登鹳雀楼》
2. 〔唐〕杜牧《山行》
3. 〔唐〕骆宾王《咏鹅》

## 纵向题目

A. 〔唐〕王之涣《凉州词》
B. 〔唐〕张祜《集灵台二首·其一》
C. 〔唐〕张志和
《渔歌子（西塞山前白鹭飞）》

# 十九

## 横向题目

1. 〔唐〕王之涣《登鹳雀楼》
2. 〔现代〕毛泽东
   《菩萨蛮·黄鹤楼》
3. 〔唐〕李白《秋浦歌（白发三千丈）》

## 纵向题目

A. 〔唐〕李白
   《宣州谢朓楼饯别校书叔云》
B. 〔唐〕高适《别董大二首·其一》
C. 〔宋〕柳永《雨霖铃（寒蝉凄切）》

## 二十

**横向题目**

1. 〔唐〕王之涣《登鹳雀楼》
2. 〔唐〕李贺《马诗二十三首·其五》
3. 〔唐〕王勃《送杜少府之任蜀州》

**纵向题目**

A. 〔现代〕毛泽东《水调歌头·游泳》
B. 〔现代〕毛泽东《七律·和郭沫若同志》
C. 〔现代〕毛泽东《沁园春·雪》

## 二十一

### 横向题目

1. 〔唐〕李白《静夜思》
2. 〔唐〕杜牧《清明》
3. 〔宋〕文天祥《过零丁洋》

### 纵向题目

A. 〔宋〕苏轼《水调歌头（明月几时有）》
B. 〔唐〕孟浩然《宿建德江》
C. 〔唐〕温庭筠《更漏子（柳丝长）》

二十二

## 横向题目

1. 〔唐〕李白《静夜思》
2. 〔宋〕晏几道
   《诉衷情（凭觞静忆去年秋）》
3. 〔唐〕岑参《赵将军歌》

## 纵向题目

A. 〔唐〕李商隐《南朝》
B. 〔唐〕王昌龄《塞下曲》
C. 〔宋〕范仲淹《江上渔者》

## 二十三

### 横向题目

1. 〔唐〕李白《静夜思》
2. 〔汉〕曹操《短歌行》
3. 〔宋〕朱熹《偶成》

### 纵向题目

A. 〔唐〕李白《登太白峰》
B. 〔宋〕晏殊
  《蝶恋花（槛菊愁烟兰泣露）》
C. 〔唐〕王维《杂诗三首·其三》

二十四

**横向题目**

1. 〔唐〕李白《静夜思》
2. 〔唐〕唐彦谦《无题》
3. 〔宋〕李之仪
　《卜算子（我住长江头）》

**纵向题目**

A. 〔唐〕白居易《长相思（汴水流）》
B. 〔唐〕杜甫《登高》
C. 〔汉〕《古诗十九首·行行重行行》

## 二十五

### 横向题目

1. 〔唐〕贺知章《咏柳》
2. 〔现代〕毛泽东《清平乐·会昌》
3. 〔唐〕孟浩然《春晓》

### 纵向题目

A. 〔唐〕李白《望天门山》
B. 〔宋〕苏轼
　《水调歌头（明月几时有）》
C. 〔唐〕杜甫《春夜喜雨》

二十六

**横向题目**

1. 〔唐〕贺知章《咏柳》
2. 〔唐〕王维《山中送别》
3. 〔唐〕李白《行路难三首·其一》

**纵向题目**

A. 〔现代〕毛泽东《七律·长征》
B. 〔宋〕陆游《观大散关图有感》
C. 〔南唐〕冯延巳《长相思(红满枝)》

## 二十七

### 横向题目

1. 〔唐〕贺知章《咏柳》
2. 〔唐〕王维《杂诗三首·其二》
3. 〔唐〕王维《山中送别》

### 纵向题目

A. 〔现代〕毛泽东
   《七律·人民解放军占领南京》
B. 〔唐〕杜甫《蜀相》
C. 〔宋〕刘过《满江红·寿》

## 二十八

### 横向题目

1. 〔唐〕贺知章《咏柳》
2. 〔现代〕毛泽东《八连颂》
3. 〔唐〕王维《山居秋暝》

### 纵向题目

A. 〔现代〕毛泽东
   《渔家傲·反第一次大"围剿"》
B. 〔南唐〕李煜
   《相见欢（无言独上西楼）》
C. 〔宋〕吴文英《唐多令·惜别》

## 二十九

### 横向题目

1. 〔唐〕王昌龄《芙蓉楼送辛渐二首·其一》
2. 〔现代〕毛泽东《念奴娇·井冈山》
3. 〔唐〕李白《行路难三首·其一》

### 纵向题目

A. 〔现代〕毛泽东《湘江漫游联句》
B. 〔唐〕张说《岳州别梁六入朝》
C. 〔唐〕李白《宴陶家亭子》

## 三十

### 横向题目

1. 〔唐〕王昌龄《芙蓉楼送辛渐二首·其一》
2. 〔唐〕王湾《次北固山下》
3. 〔宋〕辛弃疾《鹧鸪天·送人》

### 纵向题目

A. 〔唐〕卢纶《和张仆射塞下曲六首·其二》
B. 〔宋〕陆游《游山西村》
C. 〔宋〕朱熹《即事有怀寄彦辅仲宗二兄二首·其二》

## 三十一

### 横向题目

1. 〔唐〕王昌龄《芙蓉楼送辛渐二首·其一》
2. 〔唐〕王勃《送杜少府之任蜀州》
3. 〔唐〕贾岛《雨夜同厉玄怀皇甫荀》

### 纵向题目

A. 〔唐〕张籍《秋思》
B. 〔宋〕朱熹《观书有感二首·其一》
C. 〔唐〕杜甫《梦李白二首·其二》

## 三十二

### 横向题目

1. 〔唐〕王昌龄《芙蓉楼送辛渐二首·其一》
2. 〔宋〕陆游《钗头凤（红酥手）》
3. 〔唐〕王维《画》

### 纵向题目

A. 〔现代〕毛泽东《七律二首·送瘟神·其一》
B. 〔唐〕白居易《长恨歌》
C. 〔唐〕张乔《送友人归袁州》

三十三

### 横向题目

1. 〔唐〕王维《送元二使安西》
2. 〔唐〕杜甫《春日忆李白》
3. 〔唐〕李白《送友人》

### 纵向题目

A. 〔唐〕杜甫《春日忆李白》
B. 〔唐〕李白《早发白帝城》
C. 〔宋〕葛立方《满庭芳·催梅》

## 三十四

### 横向题目

1. 〔唐〕王维《送元二使安西》
2. 〔现代〕毛泽东《吊罗荣桓同志》
3. 〔现代〕毛泽东
   《水调歌头·重上井冈山》

### 纵向题目

A. 〔宋〕辛弃疾
   《菩萨蛮·书江西造口壁》
B. 〔唐〕王勃《送杜少府之任蜀州》
C. 〔现代〕毛泽东
   《四言诗·题〈中国妇女〉之出版》

## 三十五

### 横向题目

1. 〔唐〕王维《送元二使安西》
2. 〔唐〕王昌龄《出塞》
3. 〔唐〕李白《春感诗》

### 纵向题目

A. 〔现代〕毛泽东
  《七律·读〈封建论〉呈郭老》
B. 〔宋〕辛弃疾
  《摸鱼儿（更能消几番风雨）》
C. 〔唐〕杜甫《登岳阳楼》

三十六

### 横向题目

1. 〔唐〕王维《送元二使安西》
2. 〔现代〕毛泽东
   《四言诗·改江淹〈别赋〉》
3. 〔宋〕王之道《次韵蒋守张进彦》

### 纵向题目

A. 〔宋〕林升《题临安邸》
B. 〔唐〕王建《横吹曲辞·关山月》
C. 〔唐〕崔护《题都城南庄》

## 三十七

### 横向题目

1. 〔唐〕王维《九月九日忆山东兄弟》
2. 《诗经·小雅·小宛》
3. 〔汉乐府〕《孔雀东南飞》

### 纵向题目

A. 〔唐〕白居易《长恨歌》
B. 〔现代〕毛泽东
   《四言诗·祭黄帝陵》
C. 〔现代〕毛泽东《采桑子·重阳》

## 三十八

### 横向题目

1. 〔唐〕王维《九月九日忆山东兄弟》
2. 〔现代〕毛泽东《七律·答友人》
3. 〔汉〕曹操《短歌行》

### 纵向题目

A. 〔现代〕毛泽东《喜闻捷报》
B. 《诗经·商颂·长发》
C. 〔唐〕白居易《无梦》

## 三十九

### 横向题目
1. 〔唐〕王维《九月九日忆山东兄弟》
2. 〔现代〕毛泽东《为女民兵题照》
3. 〔明〕于谦《石灰吟》

### 纵向题目
A. 〔宋〕王安石《梅花》
B. 〔宋〕陆游《钗头凤（红酥手）》
C. 〔现代〕毛泽东《菩萨蛮·大柏地》

## 四十

**横向题目**

1. 〔唐〕王维《九月九日忆山东兄弟》
2. 〔宋〕张先《天仙子（水调数声持酒听）》
3. 〔唐〕王维《哭孟浩然》

**纵向题目**

A. 〔现代〕毛泽东《七律·到韶山》
B. 〔清〕纳兰性德《木兰词·拟古决绝词柬友》
C. 〔宋〕欧阳修《生查子·元夕》

## 四十一

### 横向题目

1. 〔唐〕杜甫《江畔独步寻花七绝句·其五》
2. 〔汉〕曹操《观沧海》
3. 〔现代〕毛泽东《水调歌头·游泳》

### 纵向题目

A. 〔唐〕李白《庐山谣寄卢侍御虚舟》
B. 〔现代〕毛泽东《浪淘沙·北戴河》
C. 〔唐〕岑参《登总持阁》

四十二

**横向题目**

1. 〔唐〕杜甫《江畔独步寻花七绝句·其五》
2. 〔宋〕刘学箕《登西楼怀汤损之》
3. 〔宋〕岳飞《满江红·写怀》

**纵向题目**

A. 〔现代〕毛泽东《七律二首·送瘟神·其二》
B. 〔现代〕毛泽东《七律·和柳亚子先生》
C. 〔唐〕杜甫《旅夜书怀》

## 四十三

### 横向题目

1. 〔唐〕杜甫《江畔独步寻花七绝句·其五》
2. 〔宋〕孔平仲
   《兄长寄五诗依韵和寄诗各有所怀·其三》
3. 〔宋〕辛弃疾
   《满江红·送汤朝美自便归金坛》

### 纵向题目

A. 〔唐〕李白《赠汪伦》
B. 〔唐〕白居易《琵琶行》
C. 〔唐〕杜甫《春望》

## 四十四

### 横向题目

1. 〔唐〕杜甫
   《江畔独步寻花七绝句·其五》
2. 〔唐〕张九龄《感遇十二首·其一》
3. 〔现代〕毛泽东
   《水调歌头·重上井冈山》

### 纵向题目

A. 〔现代〕毛泽东
   《水调歌头·重上井冈山》
B. 〔现代〕毛泽东
   《七律二首·送瘟神·其二》
C. 〔唐〕王维《过香积寺》

## 四十五

### 横向题目

1. 〔唐〕张继《枫桥夜泊》
2. 《诗经·秦风·黄鸟》
3. 〔明〕于谦《闻甘州等处捷报有喜》

### 纵向题目

A. 〔汉〕曹操《短歌行》
B. 〔汉〕曹操《短歌行》
C. 〔唐〕黄巢《不第后赋菊》

## 四十六

### 横向题目

1. 〔唐〕张继《枫桥夜泊》
2. 〔唐〕李白《送友人》
3. 〔现代〕毛泽东《挽易昌陶》

### 纵向题目

A. 〔现代〕毛泽东《沁园春·雪》
B. 〔宋〕柳永《雨霖铃（寒蝉凄切）》
C. 〔宋〕王炎《江城子·癸酉春社》

## 四十七

### 横向题目

1. 〔唐〕张继《枫桥夜泊》
2. 《诗经·小雅·菀柳》
3. 〔现代〕毛泽东
   《水调歌头·重上井冈山》

### 纵向题目

A. 〔唐〕柳宗元
   《登柳州城楼寄漳汀封连四州刺史》
B. 〔现代〕毛泽东《西江月·井冈山》
C. 〔现代〕毛泽东
   《念奴娇·鸟儿问答》

四十八

**横向题目**

1. 〔唐〕张继《枫桥夜泊》
2. 〔唐〕杜牧《为人题赠二首·其二》
3. 〔清〕纳兰性德《采桑子·九日》

**纵向题目**

A. 〔宋〕苏轼《江城子·乙卯正月二十日夜记梦》
B. 〔现代〕毛泽东《水调歌头·重上井冈山》
C. 〔唐〕李益《喜见外弟又言别》

## 四十九

### 横向题目

1. 〔唐〕孟郊《游子吟》
2. 〔汉〕曹操《观沧海》
3. 〔唐〕白居易
   《与诸客携酒寻去年梅花有感》

### 纵向题目

A. 〔唐〕白居易《句》
B. 〔唐〕李白《夜宿山寺》
C. 〔南唐〕李煜《长相思（一重山）》

## 五十

### 横向题目

1. 〔唐〕孟郊《游子吟》
2. 〔现代〕毛泽东《蝶恋花·从汀州向长沙》
3. 《诗经·小雅·鱼藻》

### 纵向题目

A. 〔宋〕陆游《剑门道中遇微雨》
B. 〔宋〕陆游《钗头凤（红酥手）》
C. 〔唐〕王维《鸟鸣涧》

## 五十一

### 横向题目

1. 〔唐〕孟郊《游子吟》
2. 〔唐〕张谓《早梅》
3. 〔现代〕毛泽东《采桑子·重阳》

### 纵向题目

A. 〔唐〕张籍《秋思》
B. 〔现代〕毛泽东《七律·长征》
C. 〔宋〕辛弃疾
   《满江红·游清风峡和赵晋臣敷文韵》

## 五十二

### 横向题目

1. 〔唐〕孟郊《游子吟》
2. 〔唐〕刘长卿《送灵澈上人》
3. 〔唐〕齐己《新燕》

### 纵向题目

A. 〔唐〕白居易《长恨歌》
B. 〔宋〕杨万里《过五里迳三首·其二》
C. 〔唐〕王维《酬张少府》

## 五十三

### 横向题目

1. 〔唐〕孟郊《游子吟》
2. 〔现代〕毛泽东《湘江漫游联句》
3. 〔宋〕辛弃疾《丑奴儿·书博山道中壁》

### 纵向题目

A. 〔宋〕苏轼《浣溪沙·游蕲水清泉寺》
B. 〔宋〕辛弃疾《丑奴儿·书博山道中壁》
C. 〔南唐〕李煜《长相思（一重山）》

## 五十四

### 横向题目

1. 〔唐〕孟郊《游子吟》
2. 〔现代〕毛泽东《洪都》
3. 〔宋〕白玉蟾
   《春日散策二首·其二》

### 纵向题目

A. 〔现代〕毛泽东《七律·长征》
B. 〔现代〕毛泽东
   《送纵宇一郎东行》
C. 〔唐〕李白《忆秦娥（箫声咽）》

## 五十五

### 横向题目

1. 〔唐〕刘禹锡《望洞庭》
2. 〔现代〕毛泽东《七律·和柳亚子先生》
3. 〔唐〕岑参《临洮泛舟,赵仙舟自北庭罢使还京》

### 纵向题目

A. 〔现代〕毛泽东《西江月·秋收起义》
B. 〔晋〕陶渊明《杂诗》
C. 〔唐〕杜甫《奉赠韦左丞丈二十二韵》

## 五十六

### 横向题目

1. 〔唐〕刘禹锡《望洞庭》
2. 〔唐〕杜牧《寄扬州韩绰判官》
3. 〔宋〕苏轼
   《水调歌头（明月几时有）》

### 纵向题目

A. 〔现代〕周恩来
   《大江歌罢掉头东》
B. 〔唐〕王维《山居秋暝》
C. 〔南唐〕冯延巳
   《更漏子（夜初长）》

## 五十七

### 横向题目

1. 〔唐〕刘禹锡《望洞庭》
2. 〔宋〕张俞《蚕妇》
3. 〔现代〕毛泽东《念奴娇·鸟儿问答》

### 纵向题目

A. 〔唐〕李白《望庐山瀑布》
B. 〔唐〕岑参《春梦》
C. 〔唐〕杜甫《水槛遣心二首·其一》

五十八

**横向题目**

1. 〔唐〕刘禹锡《望洞庭》
2. 〔现代〕毛泽东
   《六言诗·给彭德怀同志》
3. 〔明〕杨慎
   《临江仙（滚滚长江东逝水）》

**纵向题目**

A. 〔现代〕毛泽东
   《渔家傲·反第二次大"围剿"》
B. 〔唐〕张祜《题平望驿》
C. 〔唐〕韦庄《怨王孙》

## 五十九

### 横向题目

1. 〔唐〕刘禹锡《浪淘沙九首·其一》
2. 〔宋〕李清照
   《渔家傲（天接云涛连晓雾）》
3. 〔唐〕李白《月下独酌四首·其一》

### 纵向题目

A. 〔宋〕李清照
   《渔家傲（天接云涛连晓雾）》
B. 〔宋〕孙应时《寄高司户》
C. 〔唐〕李益《塞下曲四首·其三》

# 六十

## 横向题目

1. 〔唐〕刘禹锡《浪淘沙九首·其一》
2. 〔唐〕皮日休《汴河怀古二首·其二》
3. 〔唐〕李世民《采芙蓉》

## 纵向题目

A. 〔宋〕苏轼《念奴娇·赤壁怀古》
B. 〔宋〕王安石《梅花》
C. 〔汉〕《古诗十九首·迢迢牵牛星》

## 六十一

### 横向题目

1. 〔唐〕刘禹锡
 《浪淘沙九首·其一》
2. 《诗经·鄘风·墙有茨》
3. 〔宋〕辛弃疾《鹧鸪天·有客慨然
 谈功名因追念少年时事戏作》

### 纵向题目

A. 〔唐〕罗隐《自遣》
B. 〔宋〕苏轼《中秋月》
C. 〔唐〕韦应物《寄李儋元锡》

## 六十二

### 横向题目

1. 〔唐〕刘禹锡《浪淘沙九首·其一》
2. 〔宋〕文天祥《过零丁洋》
3. 〔唐〕李白《独坐敬亭山》

### 纵向题目

A. 〔现代〕毛泽东《渔家傲·反第一次大"围剿"》
B. 〔唐〕李绅《悯农二首·其一》
C. 〔唐〕杜甫《旅夜书怀》

## 六十三

### 横向题目

1. 〔唐〕胡令能《小儿垂钓》
2. 〔唐〕李商隐《锦瑟》
3. 〔唐〕杜牧《清明》

### 纵向题目

A. 〔唐〕李商隐《无题》
B. 〔宋〕岳飞《满江红·写怀》
C. 〔宋〕辛弃疾《鹧鸪天·有客慨然谈功名因追念少年时事戏作》

## 六十四

### 横向题目

1. 〔唐〕胡令能《小儿垂钓》
2. 〔现代〕毛泽东《渔家傲·反第二次大"围剿"》
3. 《诗经·大雅·云汉》

### 纵向题目

A. 〔唐〕王维《终南别业》
B. 〔唐〕杜甫《奉赠韦左丞丈二十二韵》
C. 〔唐〕王维《青溪》

## 六十五

### 横向题目

1. 〔唐〕胡令能《小儿垂钓》
2. 〔唐〕王湾《次北固山下》
3. 《诗经·周南·桃夭》

### 纵向题目

A. 〔现代〕毛泽东《七律·人民解放军占领南京》
B. 〔现代〕毛泽东《七律·屈原》
C. 《诗经·召南·殷其雷》

## 六十六

### 横向题目

1. 〔唐〕胡令能《小儿垂钓》
2. 〔宋〕叶梦得《贺新郎（睡起流莺语）》
3. 〔宋〕苏轼《六月二十七日望湖楼醉书五首·其一》

### 纵向题目

A. 〔现代〕毛泽东《沁园春·长沙》
B. 〔现代〕毛泽东《渔家傲·反第一次大"围剿"》
C. 〔宋〕苏轼《念奴娇·赤壁怀古》

## 六十七

**横向题目**

1. 〔唐〕李绅《悯农二首·其二》
2. 〔唐〕刘禹锡《杏园花下酬乐天见赠》
3. 〔唐〕戴叔伦《卧病》

**纵向题目**

A. 〔南唐〕冯延巳《鹊踏枝（谁道闲情抛掷久）》
B. 〔宋〕朱敦儒《长相思（昨日晴）》
C. 〔汉〕曹操《龟虽寿》

## 六十八

### 横向题目

1. 〔唐〕李绅《悯农二首·其二》
2. 〔现代〕毛泽东《浪淘沙·北戴河》
3. 〔宋〕姜夔《永遇乐·次稼轩北固楼词韵》

### 纵向题目

A. 〔北朝民歌〕《木兰诗》
B. 〔现代〕毛泽东《登庐山》
C. 〔现代〕毛泽东《七律·答友人》

## 六十九

### 横向题目

1. 〔唐〕李绅《悯农二首·其二》
2. 〔唐〕韩愈《山石》
3. 〔唐〕李白
   《永王东巡歌十一首·其十一》

### 纵向题目

A. 〔宋〕史达祖
   《贺新郎（花落台池静）》
B. 〔宋〕刘过《谒金陵武帅李爽时叩
   殿帅为易宽章求书碑·其一》
C. 〔唐〕李白《将进酒》

## 七十

### 横向题目

1. 〔唐〕李绅《悯农二首·其二》
2. 〔唐〕李白《春夜洛城闻笛》
3. 〔唐〕刘长卿《送王端公入奏上都》

### 纵向题目

A. 〔宋〕文天祥《过零丁洋》
B. 〔现代〕毛泽东《念奴娇·井冈山》
C. 〔现代〕毛泽东《减字木兰花·广昌路上》

# 七十一

## 横向题目

1. 〔唐〕骆宾王《咏鹅》
2. 〔现代〕毛泽东《卜算子·悼国际共产主义战士艾地同志》
3. 〔唐〕刘长卿《寄龙山道士许法棱》

## 纵向题目

A. 〔宋〕文天祥《正气歌》
B. 〔现代〕毛泽东《七律二首·送瘟神·其一》
C. 〔唐〕杜甫《后游》

## 七十二

**横向题目**

1. 〔唐〕骆宾王《咏鹅》
2. 〔现代〕毛泽东《七律·到韶山》
3. 〔现代〕毛泽东
   《菩萨蛮·黄鹤楼》

**纵向题目**

A. 〔汉〕无名氏
   《古诗十九首·行行重行行》
B. 〔现代〕毛泽东
   《念奴娇·井冈山》
C. 〔唐〕李白
   《对酒忆贺监二首·其一》

## 七十三

### 横向题目

1. 〔唐〕骆宾王《咏鹅》
2. 〔金〕元好问《摸鱼儿·雁丘词》
3. 〔唐〕王勃《送杜少府之任蜀州》

### 纵向题目

A. 〔唐〕陈羽《从军行》
B. 〔宋〕李清照《夏日绝句》
C. 《诗经·小雅·采薇》

## 七十四

### 横向题目

1. 〔战国〕屈原《离骚》
2. 〔现代〕毛泽东《五律·挽戴安澜将军》
3. 《诗经·国风·殷其雷》

### 纵向题目

A. 〔宋〕陆游《剑门道中遇微雨》
B. 〔唐〕王绩《野望》
C. 〔北朝民歌〕《木兰诗》

## 七十五

### 横向题目

1. 〔战国〕屈原《离骚》
2. 〔宋〕辛弃疾《青玉案·元夕》
3. 〔现代〕毛泽东
   《念奴娇·井冈山》

### 纵向题目

A. 〔唐〕白居易《长恨歌》
B. 〔宋〕辛弃疾
   《水龙吟·登建康赏心亭》
C. 〔唐〕李珣
   《临江仙（帘卷池心小阁虚）》

# 挑战级

# 一

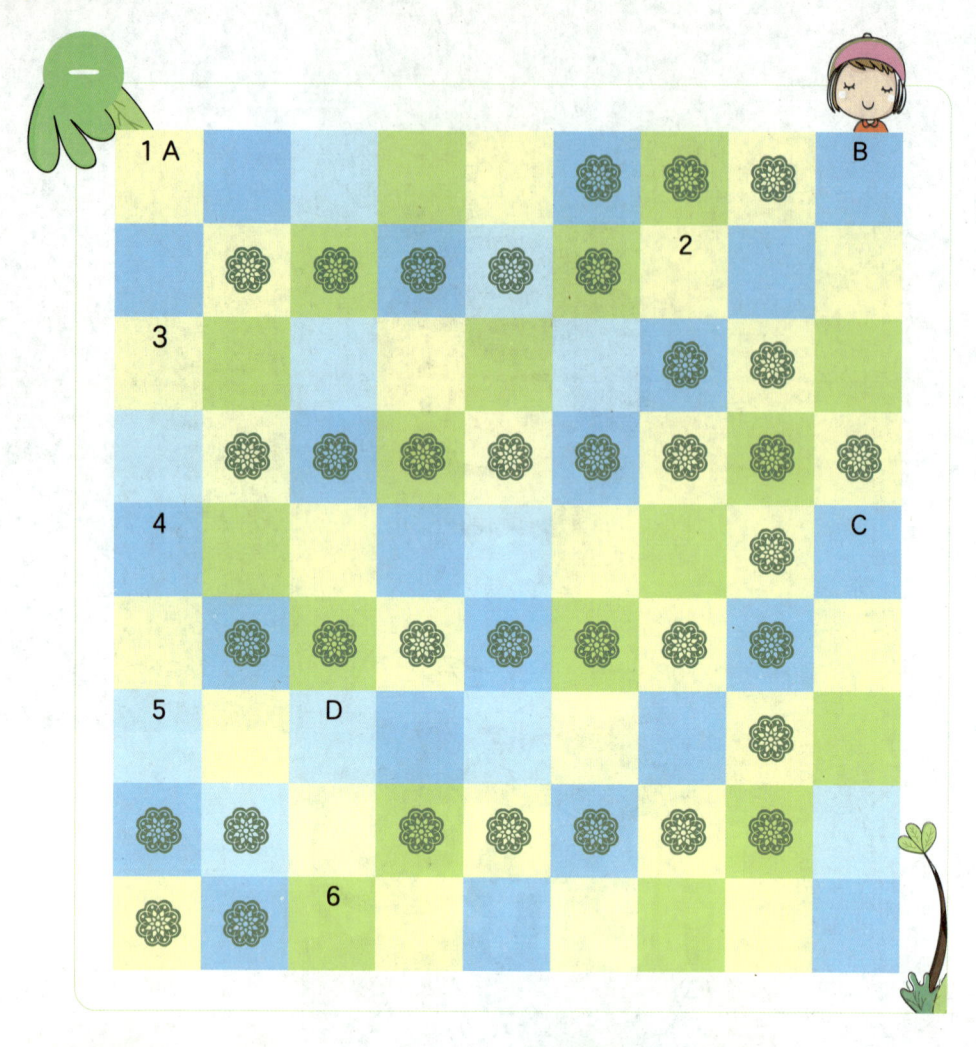

## 横向题目

1. 〔唐〕李白《静夜思》
2. 〔唐〕李白《行路难三首·其一》
3. 〔宋〕秦观《鹊桥仙（纤云弄巧）》
4. 〔清〕龚自珍
   《己亥杂诗三百一十五首·其五》
5. 〔唐〕韩愈
   《早春呈水部张十八员外二首·其一》
6. 〔唐〕杜甫《绝句四首·其三》

## 纵向题目

A. 〔唐〕李白《望庐山瀑布》
B. 〔唐〕李白《行路难三首·其一》
C. 〔宋〕苏轼《念奴娇·赤壁怀古》
D. 〔宋〕苏轼
   《江城子·乙卯正月二十日夜记梦》

二

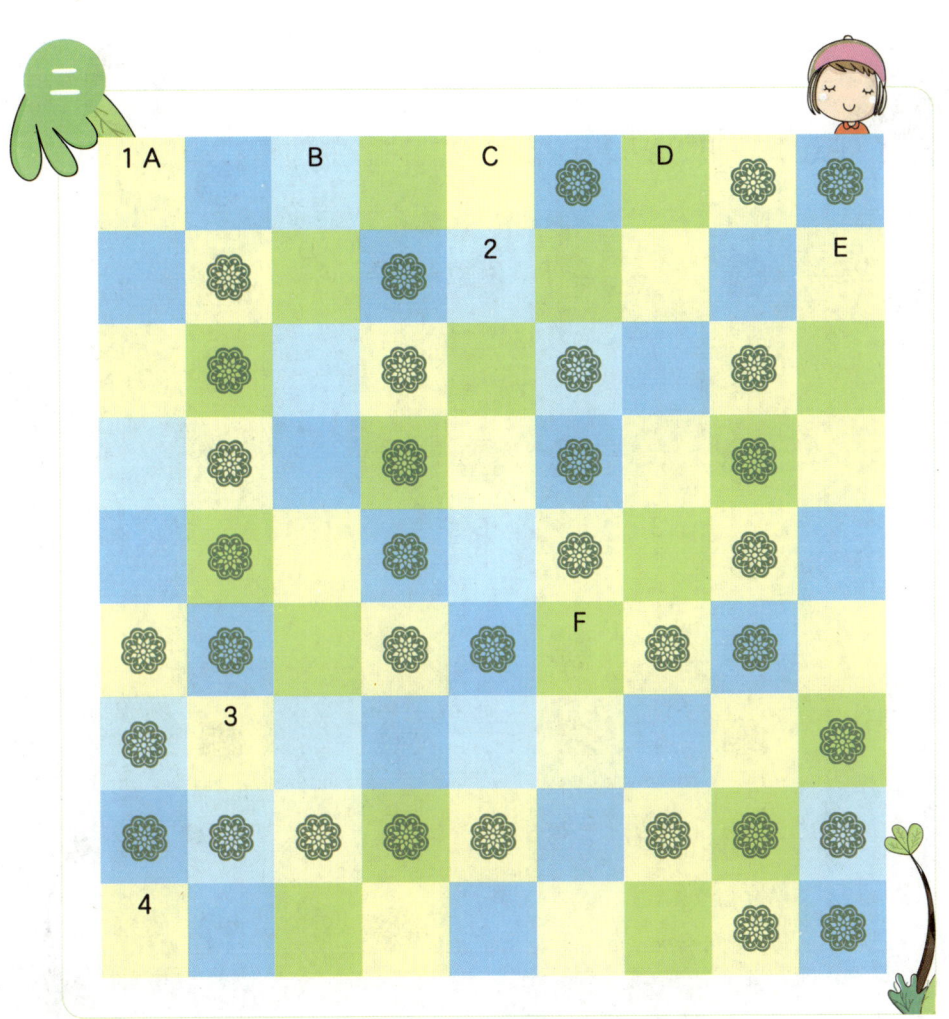

# 横向题目

1. 〔唐〕孟浩然《春晓》
2. 〔现代〕毛泽东《沁园春·长沙》
3. 〔唐〕白居易《忆江南三首·其一》
4. 〔唐〕杜甫《绝句四首·其三》

# 纵向题目

A. 〔唐〕王维《画》
B. 〔唐〕贺知章《咏柳》
C. 〔唐〕杜甫《春夜喜雨》
D. 〔唐〕柳宗元《江雪》
E. 〔宋〕张俞《蚕妇》
F. 〔宋〕周邦彦《万里春（千红万翠）》

## 三

**1A**    **B**    **C**

**D**

**2**

**3**    **E**

**4**

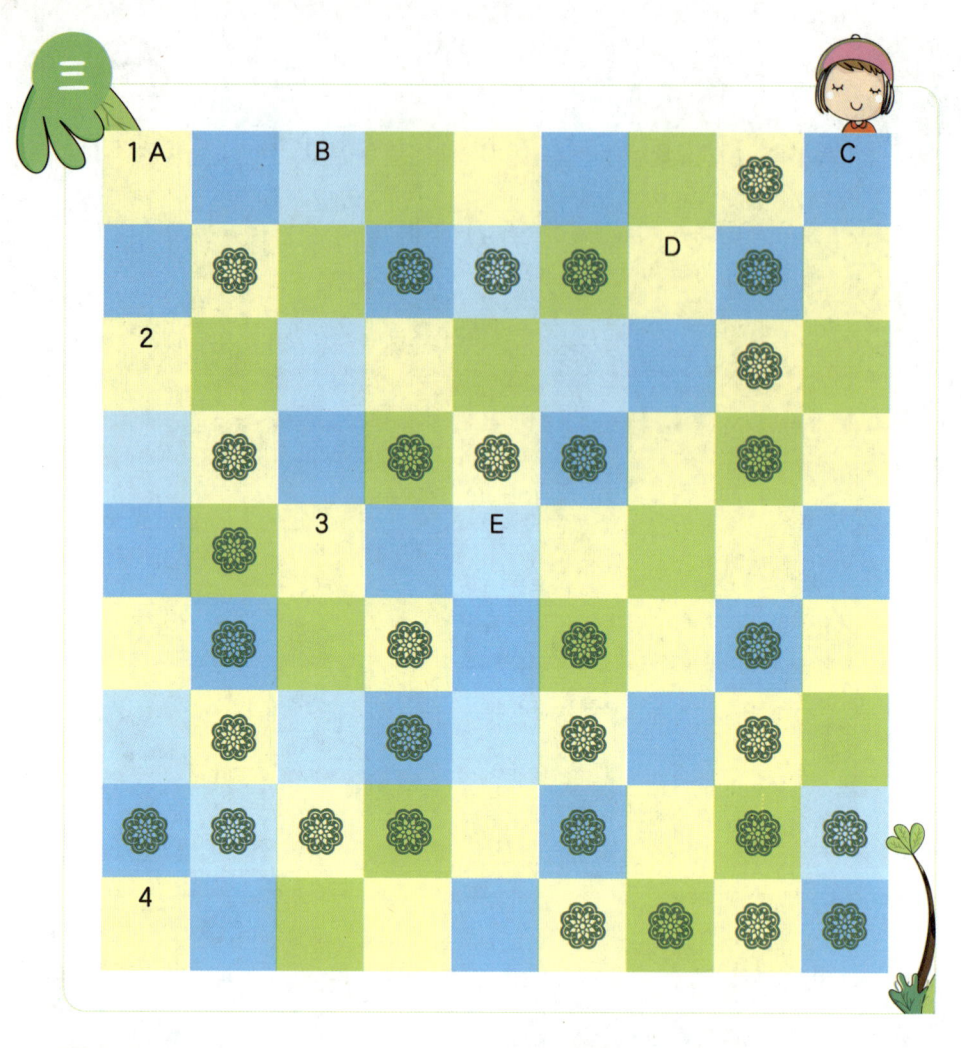

### 横向题目

1. 〔唐〕罗隐《蜂》
2. 〔唐〕杜牧《洛中二首·其二》
3. 〔唐〕子兰《晚景》
4. 〔唐〕王维《鸟鸣涧》

### 纵向题目

A. 〔现代〕毛泽东
   《七绝·为李进同志题所摄庐山仙人洞照》
B. 〔唐〕李白《金陵酒肆留别》
C. 〔现代〕毛泽东
   《七律二首·送瘟神·其二》
D. 〔唐〕唐彦谦《春草》
E. 〔唐〕刘长卿《奉送卢员外之饶州》

四

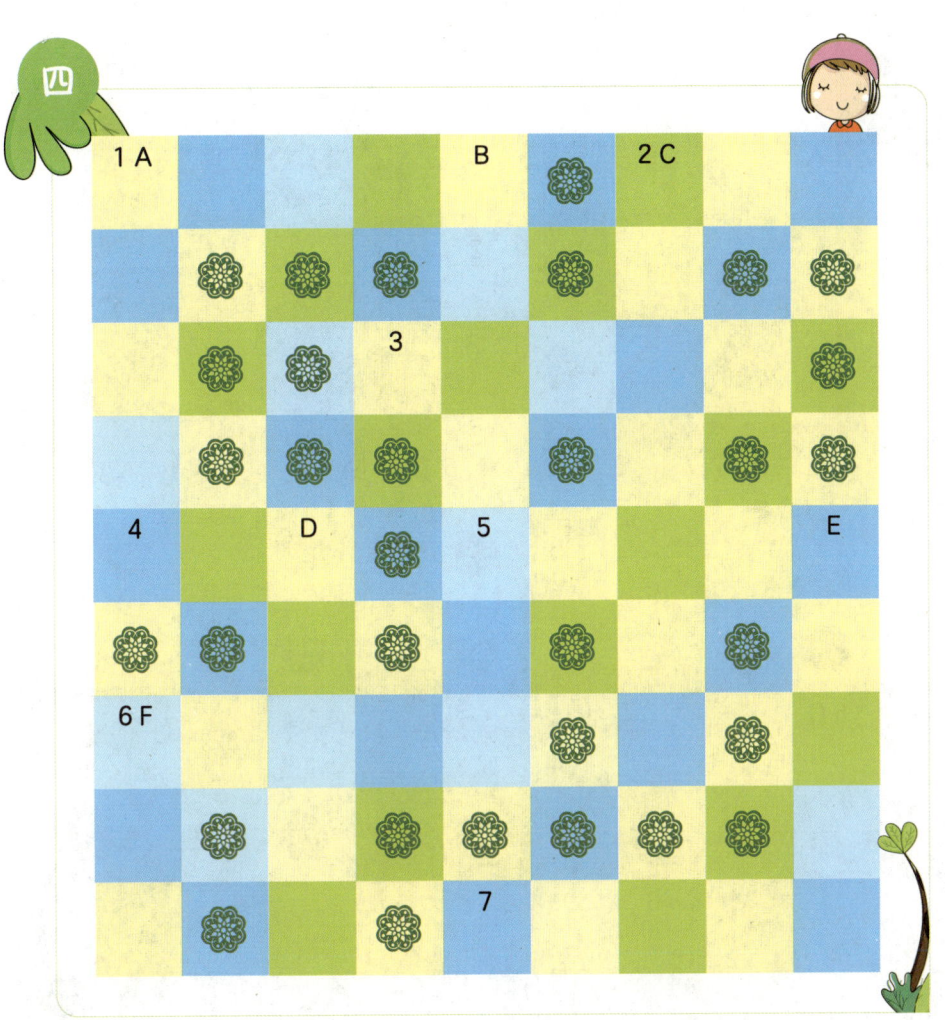

## 横向题目

1. 〔汉乐府〕《江南》
2. 〔现代〕毛泽东《忆秦娥·娄山关》
3. 〔唐〕王之涣《登鹳雀楼》
4. 〔宋〕苏轼《江城子·密州出猎》
5. 〔唐〕杜甫
   《赴青城县出成都，寄陶、王二少尹》
6. 〔宋〕梅尧臣
   《夏日对雨偶成寄韩仲文兄弟》
7. 〔唐〕骆宾王《于易水送别》

## 纵向题目

A. 〔汉乐府〕《江南》
B. 〔唐〕刘禹锡《竹枝词二首·其一》
C. 〔唐〕张志和
   《渔歌子（西塞山前白鹭飞）》
D. 〔现代〕毛泽东《沁园春·雪》
E. 〔宋〕苏轼《水调歌头（明月几时有）》
F. 〔南唐〕冯延巳《金错刀（日融融）》

## 五

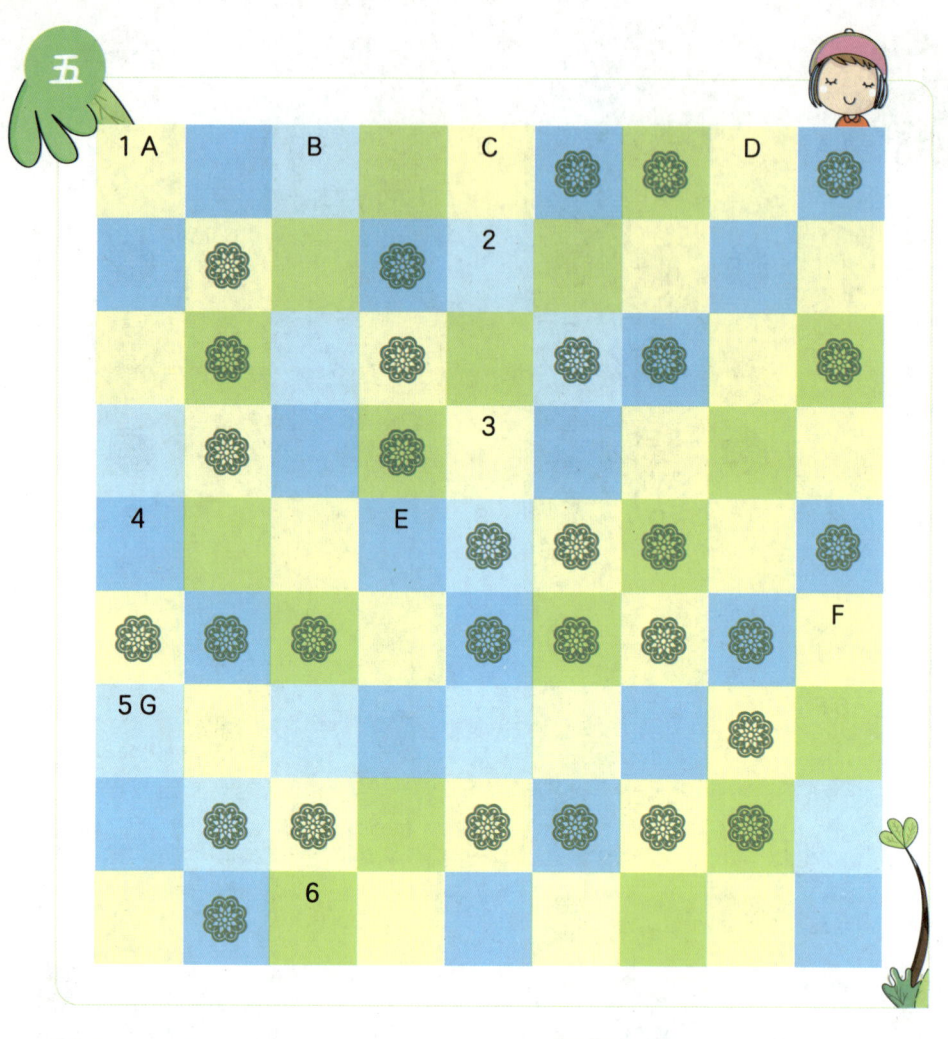

**横向题目**

1. 〔汉乐府〕《江南》
2. 〔唐〕杜甫《月夜忆舍弟》
3. 〔汉乐府〕《江南》
4. 〔现代〕毛泽东《沁园春·雪》
5. 〔宋〕杨万里《宿新市徐公店》
6. 〔唐〕杜牧《山行》

**纵向题目**

A. 〔汉乐府〕《江南》
B. 〔唐〕李白《流夜郎至江夏，陪长史叔及薛明府宴兴德寺南阁》
C. 《诗经·小雅·南有嘉鱼》
D. 〔唐〕李峤《藤》
E. 〔唐〕白居易《和春深二十首·其九》
F. 〔宋〕柳永《雨霖铃·寒蝉凄切》
G. 〔宋〕辛弃疾
《满江红·送李正之提刑入蜀》

## 六

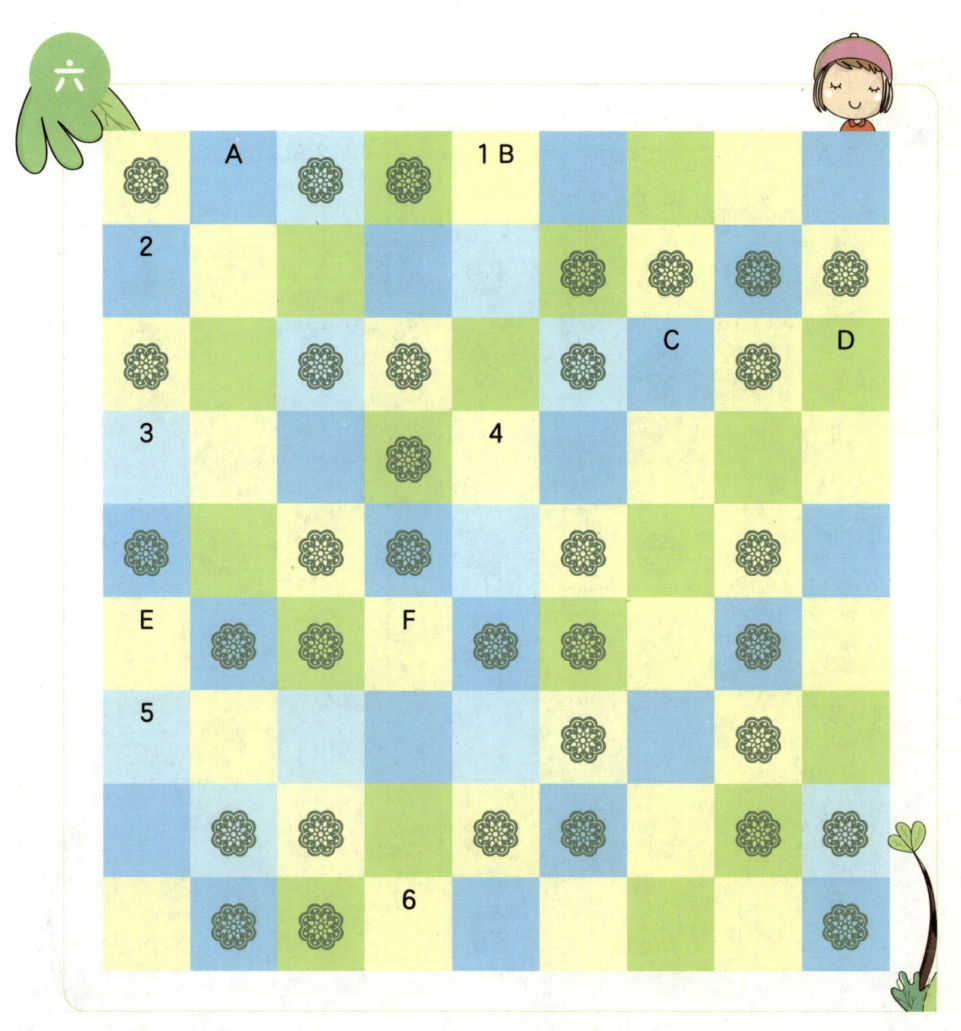

### 横向题目

1. 〔明〕钱福《明日歌》
2. 〔唐〕李白《静夜思》
3. 〔宋〕万俟咏《长相思·雨》
4. 〔唐〕王维《鸟鸣涧》
5. 〔明〕钱福《明日歌》
6. 〔唐〕杜甫《月夜忆舍弟》

### 纵向题目

A. 〔唐〕杜甫《春望》
B. 〔宋〕苏轼《水调歌头（明月几时有）》
C. 〔唐〕杜甫《闻官军收河南河北》
D. 〔晋〕陶渊明《饮酒二十首·其五》
E. 《诗经·小雅·采薇》
F. 〔汉〕曹操《短歌行二首·其一》

七

## 横向题目

1. 〔唐〕李白《静夜思》
2. 〔宋〕岳飞《满江红·写怀》
3. 《诗经·小雅·南山有台》
4. 〔南北朝〕无名氏《西洲曲》
5. 〔宋〕苏轼《赠刘景文》
6. 〔宋〕晏殊《蝶恋花（槛菊愁烟兰泣露）》
7. 〔汉〕曹操《观沧海》

## 纵向题目

A. 〔南北朝〕无名氏《西洲曲》
B. 〔现代〕毛泽东《卜算子·咏梅》
C. 〔唐〕李白《黄鹤楼送孟浩然之广陵》
D. 〔唐〕李白《赠汪伦》
E. 〔宋〕陈亮
　《桂枝香·观木樨有感寄吕郎中》

## 八

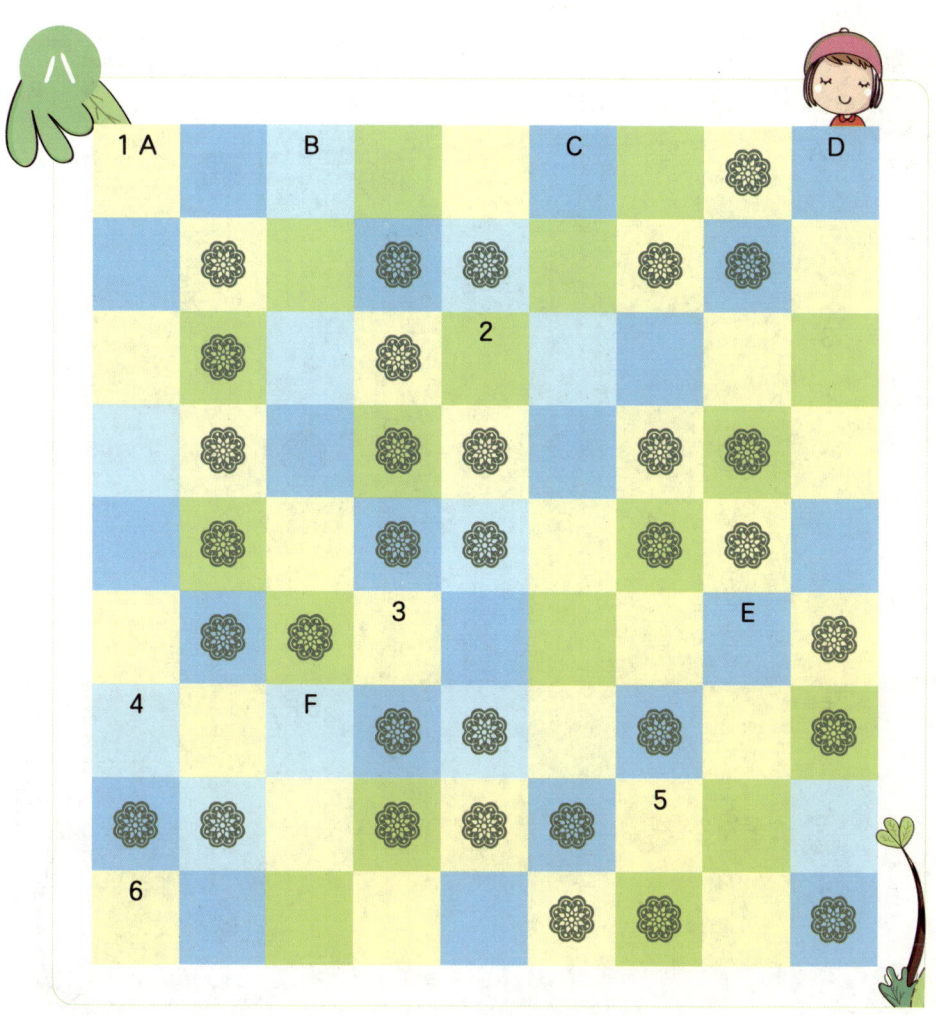

### 横向题目

1. 〔唐〕贺知章《回乡偶书二首·其一》
2. 〔唐〕杜甫《春望》
3. 〔唐〕杜甫《前出塞九首·其六》
4. 〔宋〕陈德武
   《水龙吟·问津扬子江头》
5. 〔现代〕毛泽东《忆秦娥·娄山关》
6. 〔唐〕无名氏
   《铜官窑瓷器题诗二十一首·十四》

### 纵向题目

A. 〔清〕高鼎《村居》
B. 〔唐〕李白《独坐敬亭山》
C. 〔唐〕李商隐《无题》
D. 〔唐〕杜甫《喜达行在所三首·其二》
E. 〔唐〕吕岩《沁园春（七返还丹）》
F. 〔宋〕刘过《贺新郎（水浴芙蓉净）》

# 九

## 横向题目

1. 〔唐〕王之涣《登鹳雀楼》
2. 《诗经·国风·无衣》
3. 〔汉〕无名氏
   《古诗十九首·西北有高楼》
4. 〔唐〕崔护《题都城南庄》
5. 〔现代〕毛泽东《水调歌头·游泳》
6. 〔宋〕胡惠斋《满江红（暝霭黄昏）》
7. 〔宋〕苏轼《和子由渑池怀旧》

## 纵向题目

A. 〔宋〕苏轼
   《饮湖上初晴后雨二首·其二》
B. 〔宋〕周邦彦《瑞鹤仙（暖烟笼细柳）》
C. 〔宋〕陆游《示儿》
D. 〔南唐〕冯延巳《长命女（春日宴）》
E. 〔唐〕刘禹锡《九日登高》
F. 〔宋〕刘过《六州歌头·美人足》

挑战级

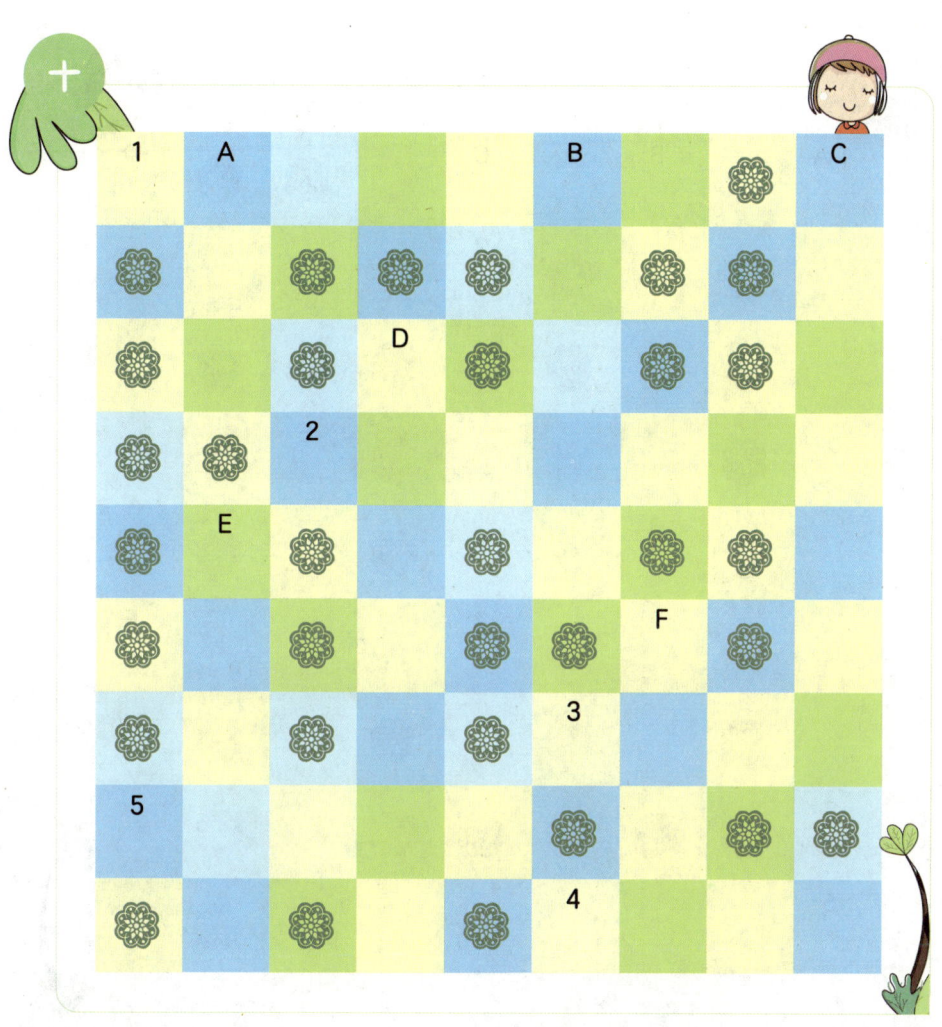

## 横向题目

1. 〔唐〕白居易《暮江吟》
2. 〔唐〕张若虚《春江花月夜》
3. 《诗经·秦风·蒹葭》
4. 《诗经·鲁颂·泮水》
5. 〔唐〕李白《夜宿山寺》

## 纵向题目

A. 〔唐〕白居易《忆江南词三首·其一》
B. 〔唐〕温庭筠《送人东游》
C. 〔唐〕张若虚《春江花月夜》
D. 〔南唐〕冯延巳
　　《鹊踏枝（谁道闲情抛掷久）》
E. 〔唐〕卢纶《和张仆射塞下曲六首·其二》
F. 《诗经·卫风·河广》

十一

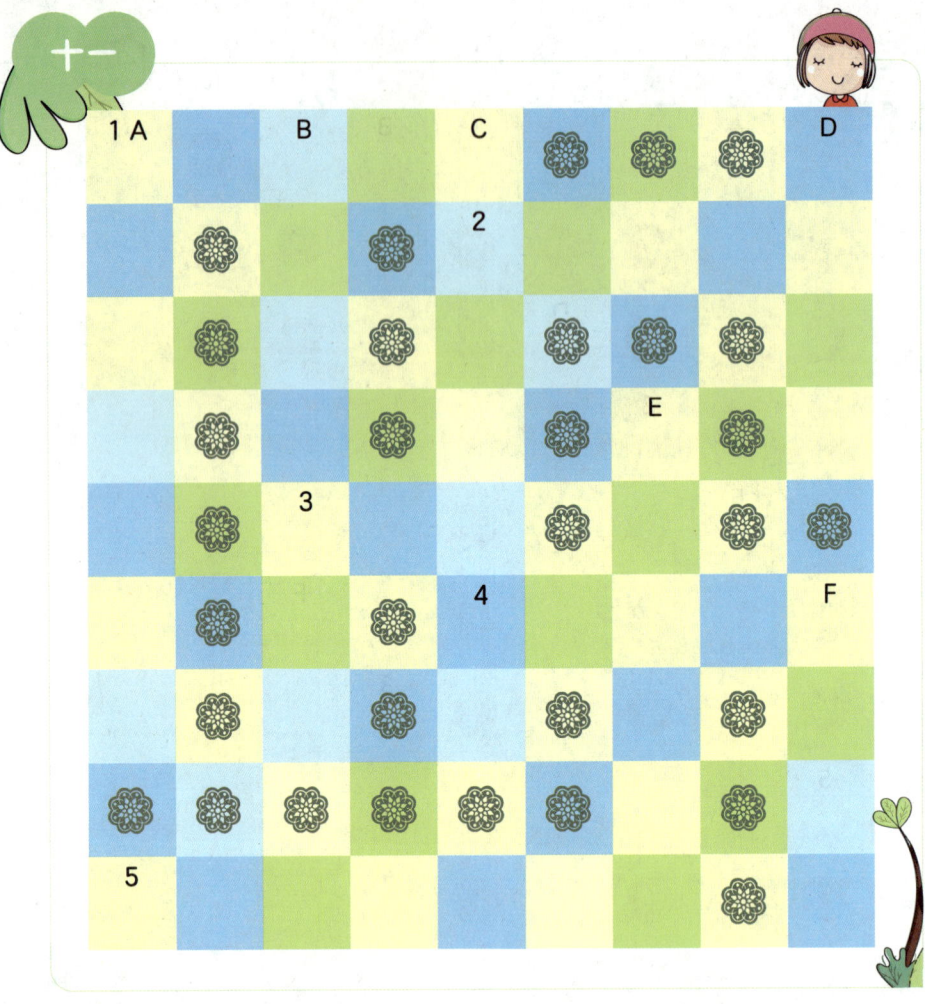

### 横向题目

1. 〔宋〕邵雍《山村咏怀》
2. 〔唐〕王维《杂诗三首·其一》
3. 〔唐〕李珣
   《杂歌谣辞·渔父歌三首·其三》
4. 〔宋〕欧阳修《生查子·元夕》
5. 〔宋〕杨万里《晓出净慈寺送林子方》

### 纵向题目

A. 〔唐〕李白《黄鹤楼送孟浩然之广陵》
B. 〔清〕秋瑾《满江红（小住京华）》
C. 〔唐〕王驾《社日》
D. 《诗经·周南·关雎》
E. 〔宋〕刘克庄
   《村居即事六言十首·其五》
F. 〔宋〕王安石《桂枝香·金陵怀古》

## 十二

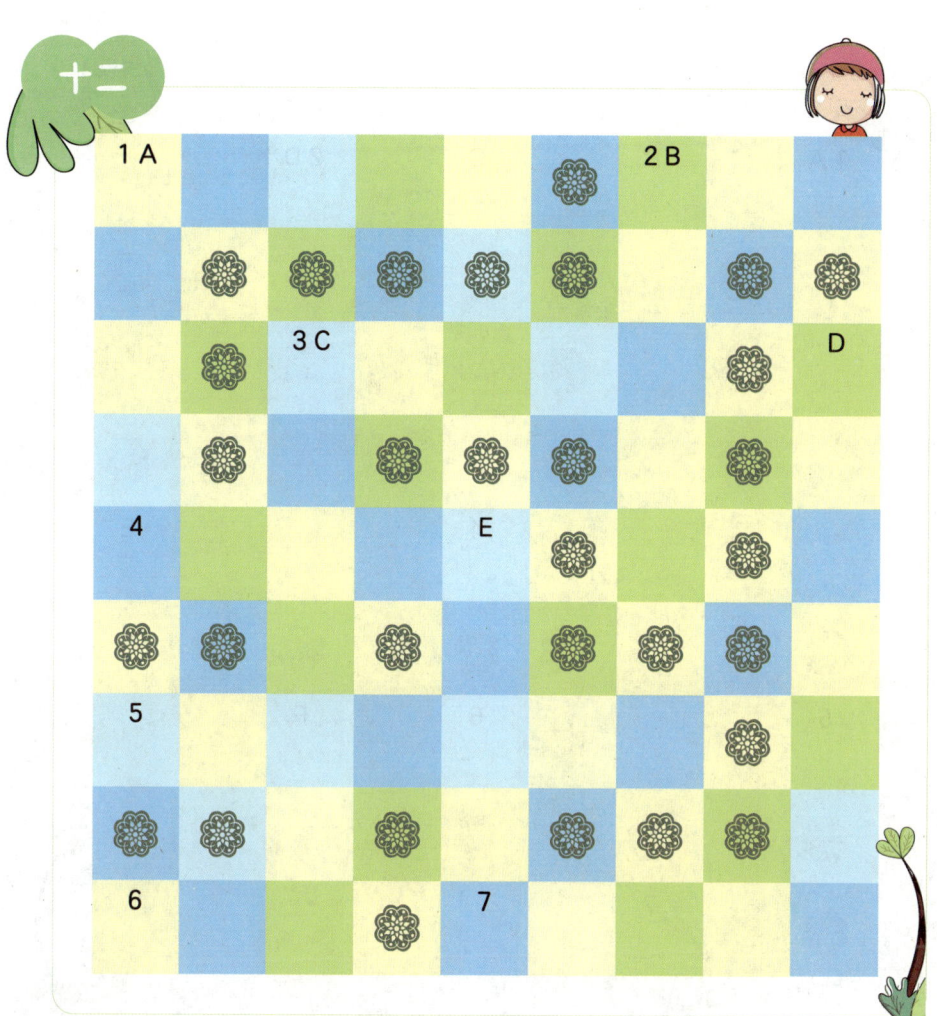

### 横向题目

1. 〔宋〕邵雍《山村咏怀》
2. 〔唐〕白居易《忆江南词三首·其二》
3. 〔唐〕白居易《和春深二十首·其六》
4. 〔汉〕刘桢《赠从弟三首·其二》
5. 〔唐〕白居易
《别种东坡花树两绝》
6. 〔南唐〕冯延巳《更漏子（夜初长）》
7. 〔唐〕李白《渡荆门送别》

### 纵向题目

A. 〔汉〕刘桢《赠从弟三首·其二》
B. 〔唐〕杜甫《春夜喜雨》
C. 〔唐〕杜牧《赠别二首·其二》
D. 〔唐〕张籍《秋思》
E. 〔晋〕陶渊明《归园田居五首·其一》

## 十三

### 横向题目

1. 〔宋〕邵雍《山村咏怀》
2. 〔唐〕张志和
   《渔歌子（西塞山前白鹭飞）》
3. 〔宋〕吴文英《诉衷情·七夕》
4. 〔唐〕杜甫《春望》
5. 〔宋〕苏轼《江城子·密州出猎》
6. 〔唐〕王维《鹿柴》
7. 〔唐〕白居易《红线毯》

### 纵向题目

A. 〔唐〕孟浩然《望洞庭湖赠张丞相》
B. 〔汉乐府〕《十五从军征》
C. 〔唐〕杜甫《春夜喜雨》
D. 〔汉乐府〕《饮马长城窟行》
E. 〔唐〕王维《竹里馆》
F. 〔元〕许有壬
   《水调歌头·庚寅秋，即席次可行见寄韵》
G. 〔宋〕岳飞《满江红·写怀》

## 十四

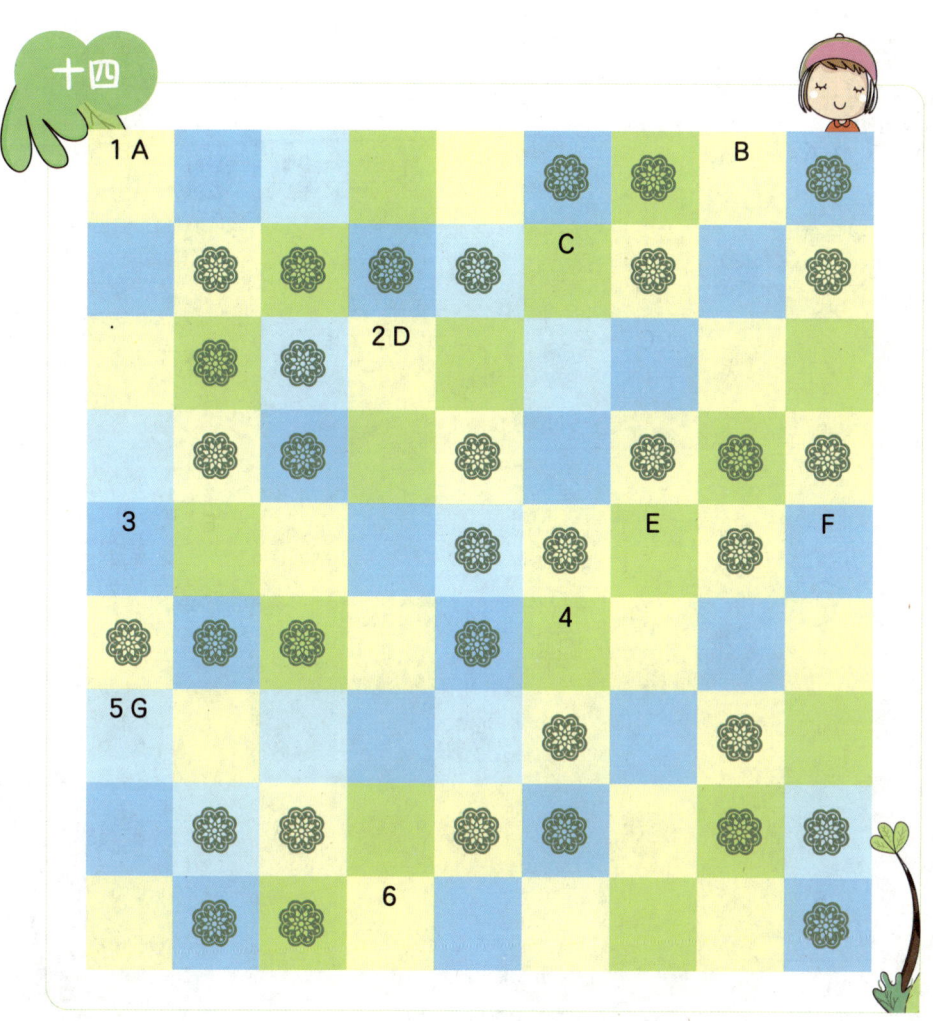

### 横向题目

1. 〔汉乐府〕《长歌行》
2. 〔宋〕辛弃疾《清平乐·村居》
3. 《诗经·国风·蒹葭》
4. 〔汉〕曹操《短歌行》
5. 〔宋〕陆游《坚颍》
6. 〔唐〕杜甫《绝句二首·其一》

### 纵向题目

A. 〔明〕杨慎《临江仙（滚滚长江东逝水）》
B. 〔唐〕白居易《卖炭翁》
C. 〔宋〕辛弃疾《永遇乐·京口北固亭怀古》
D. 〔唐〕颜真卿《劝学诗》
E. 〔唐〕李白《独坐敬亭山》
F. 〔宋〕岳飞《满江红·写怀》
G. 〔宋〕吕胜己《江城子·盆中梅》

十五

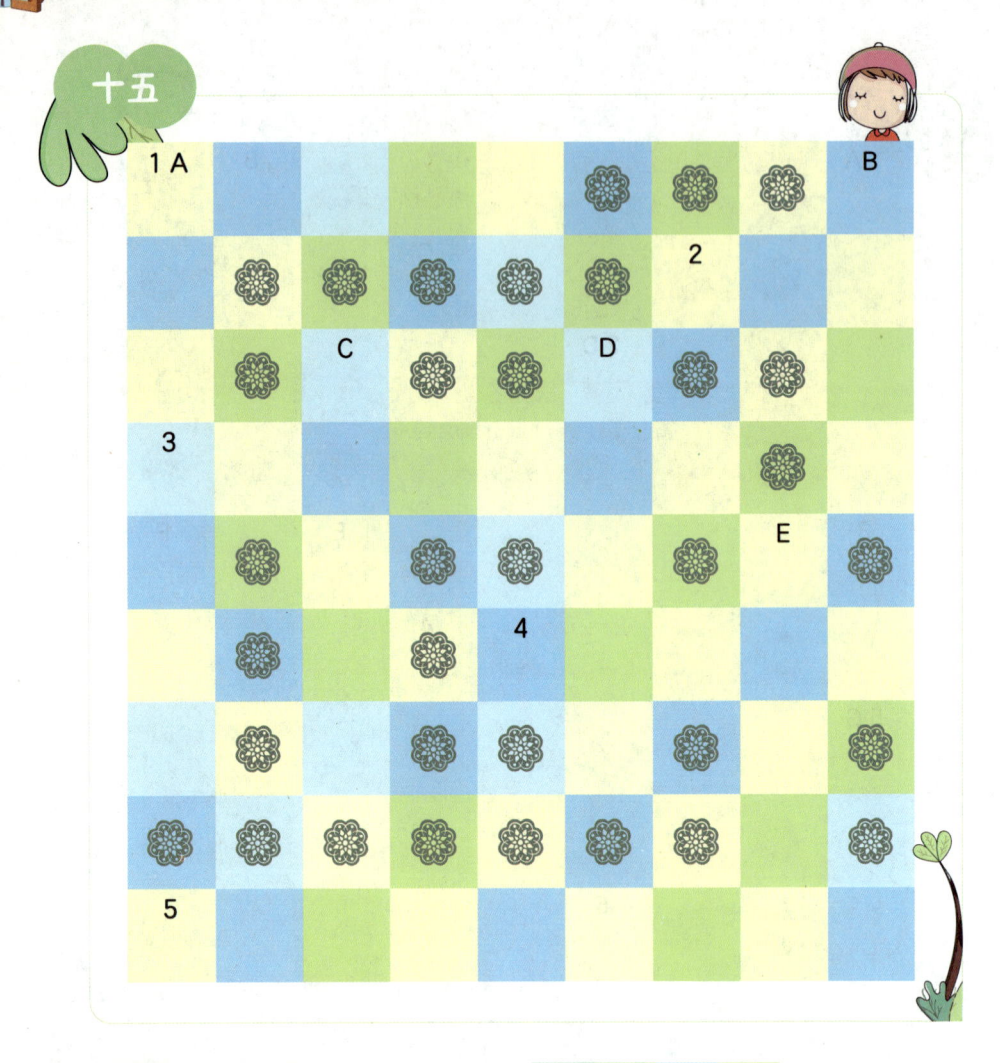

**横向题目**

1. 〔汉乐府〕《长歌行》
2. 〔唐〕李白《忆秦娥（箫声咽）》
3. 〔唐〕杜甫《茅屋为秋风所破歌》
4. 〔清〕袁枚《苔》
5. 〔南唐〕李煜《相见欢（林花谢了春红）》

**纵向题目**

A. 〔唐〕贺知章《咏柳》
B. 〔汉〕曹操《观沧海》
C. 〔唐〕杜甫《旅夜书怀》
D. 〔南北朝〕谢灵运《登池上楼》
E. 〔唐〕王维《杂诗三首·其二》

## 十六

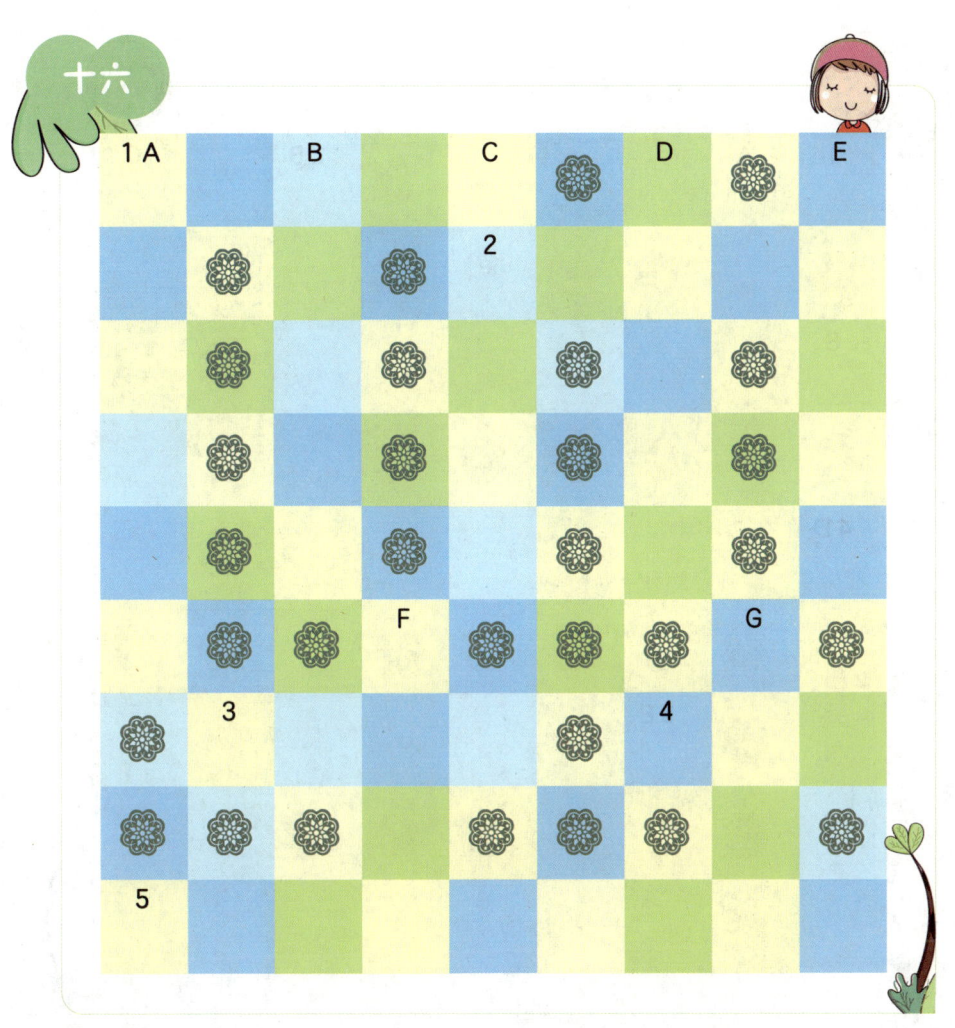

**横向题目**

1. 〔汉乐府〕《长歌行》
2. 〔明〕文嘉《今日歌》
3. 〔宋〕岳飞《满江红·写怀》
4. 〔宋〕李清照
   《凤凰台上忆吹箫（香冷金猊）》
5. 〔南唐〕李煜
   《虞美人（春花秋月何时了）》

**纵向题目**

A. 〔宋〕李清照《如梦令（常记溪亭日暮）》
B. 〔唐〕李绅《悯农二首·其一》
C. 〔宋〕李清照《夏日绝句》
D. 〔唐〕张九龄《赋得自君之出矣》
E. 〔明〕文嘉《今日歌》
F. 〔宋〕刘过《沁园春·斗酒彘肩》
G. 《诗经·豳风·东山》

## 十七

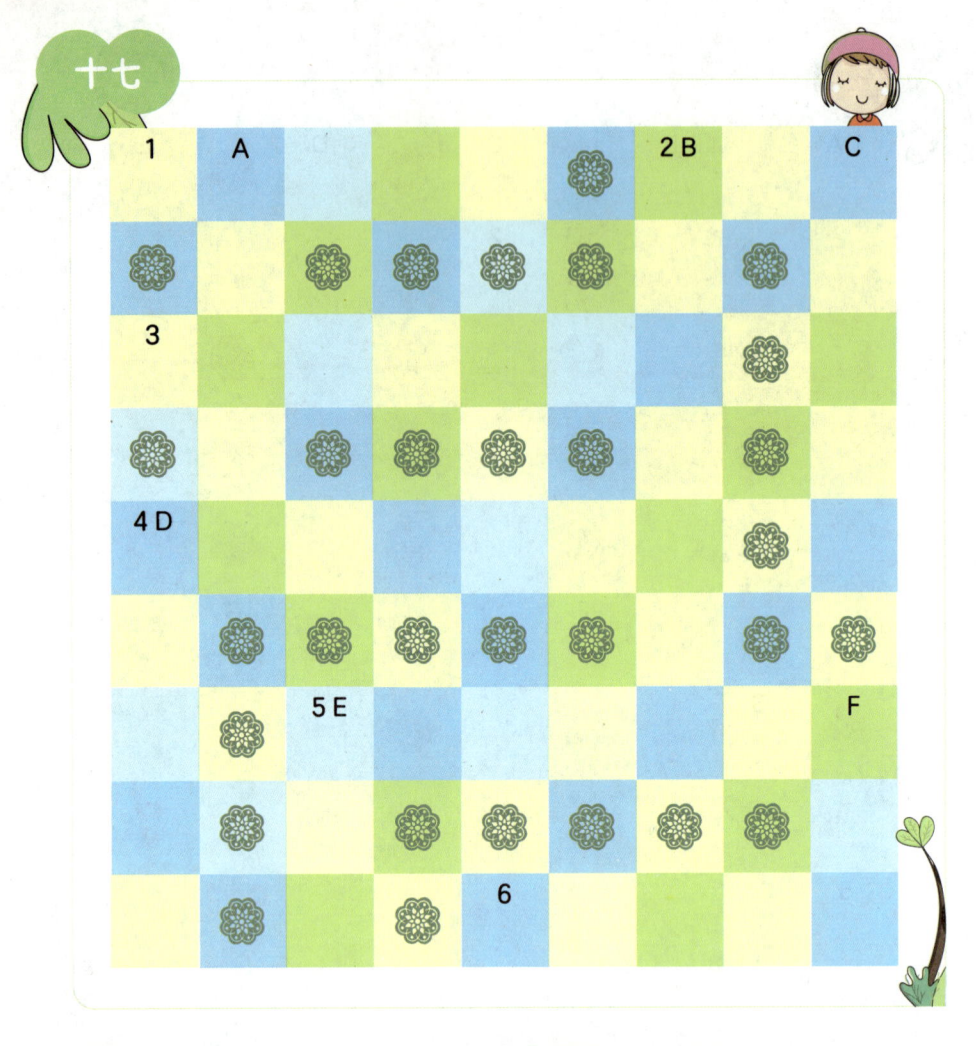

### 横向题目

1. 〔唐〕李白《静夜思》
2. 〔宋〕苏轼《江城子·密州出猎》
3. 〔唐〕张若虚《春江花月夜》
4. 〔唐〕杜牧
   《过华清宫绝句三首·其一》
5. 〔唐〕韩愈《左迁至蓝关示侄孙湘》
6. 〔宋〕范仲淹《江上渔者》

### 纵向题目

A. 〔唐〕陈子昂《登幽州台歌》
B. 〔唐〕杜荀鹤《春日登楼遇雨》
C. 〔唐〕李白《长干行二首·其一》
D. 〔唐〕刘长卿
   《谪官后却归故村，将过虎丘，怅然有作》
E. 〔南唐〕冯延巳《酒泉子（芳草长川）》
F. 〔宋〕范仲淹《渔家傲·秋思》

十八

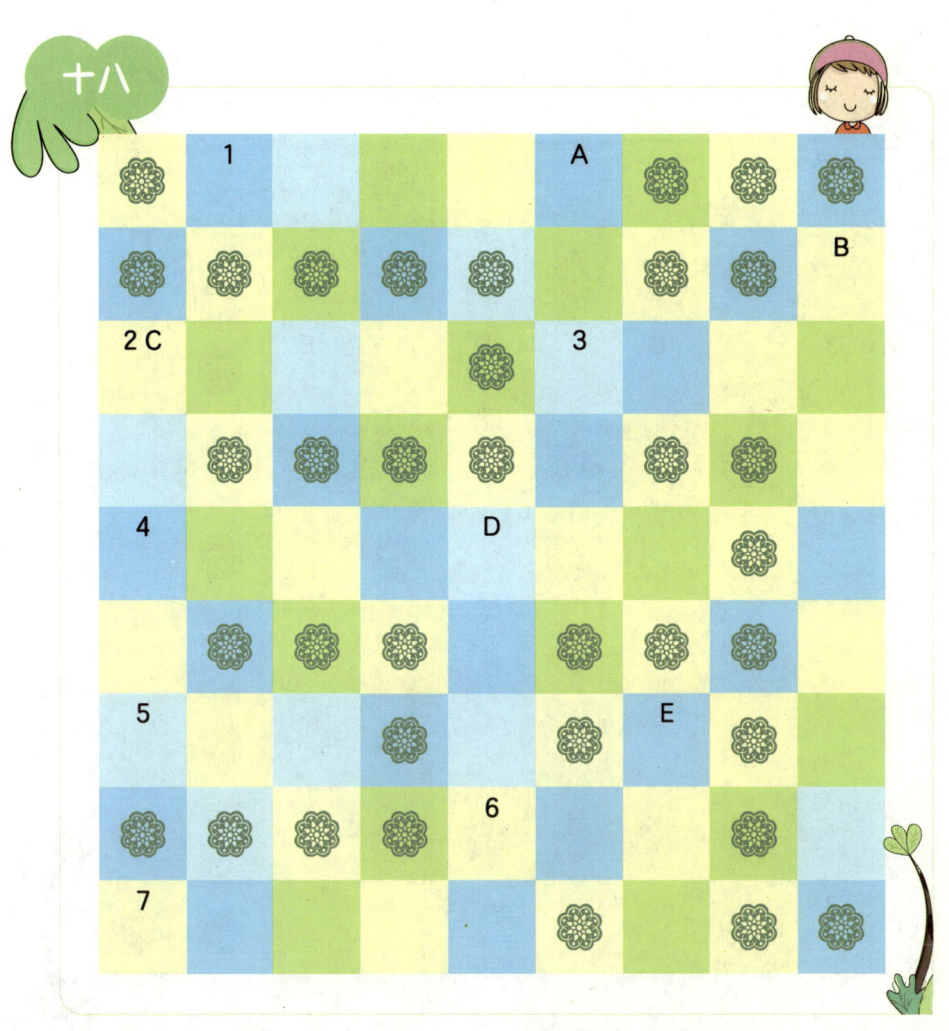

**横向题目**

1. 〔唐〕孟浩然《春晓》
2. 〔现代〕毛泽东《沁园春·雪》
3. 〔宋〕周邦彦《念奴娇（醉魂乍醒）》
4. 〔唐〕贺知章《咏柳》
5. 〔宋〕张先《千秋岁（数声鶗鴂）》
6. 〔宋〕吴文英《望江南（三月暮）》
7. 〔唐〕李白《秋浦歌十七首·十五》

**纵向题目**

A. 〔唐〕贾岛《题李凝幽居》
B. 〔唐〕崔颢《黄鹤楼》
C. 〔唐〕李商隐《蝉》
D. 〔宋〕邵雍《山村咏怀》
E. 〔宋〕刘辰翁《行香子·探梅》

## 十九

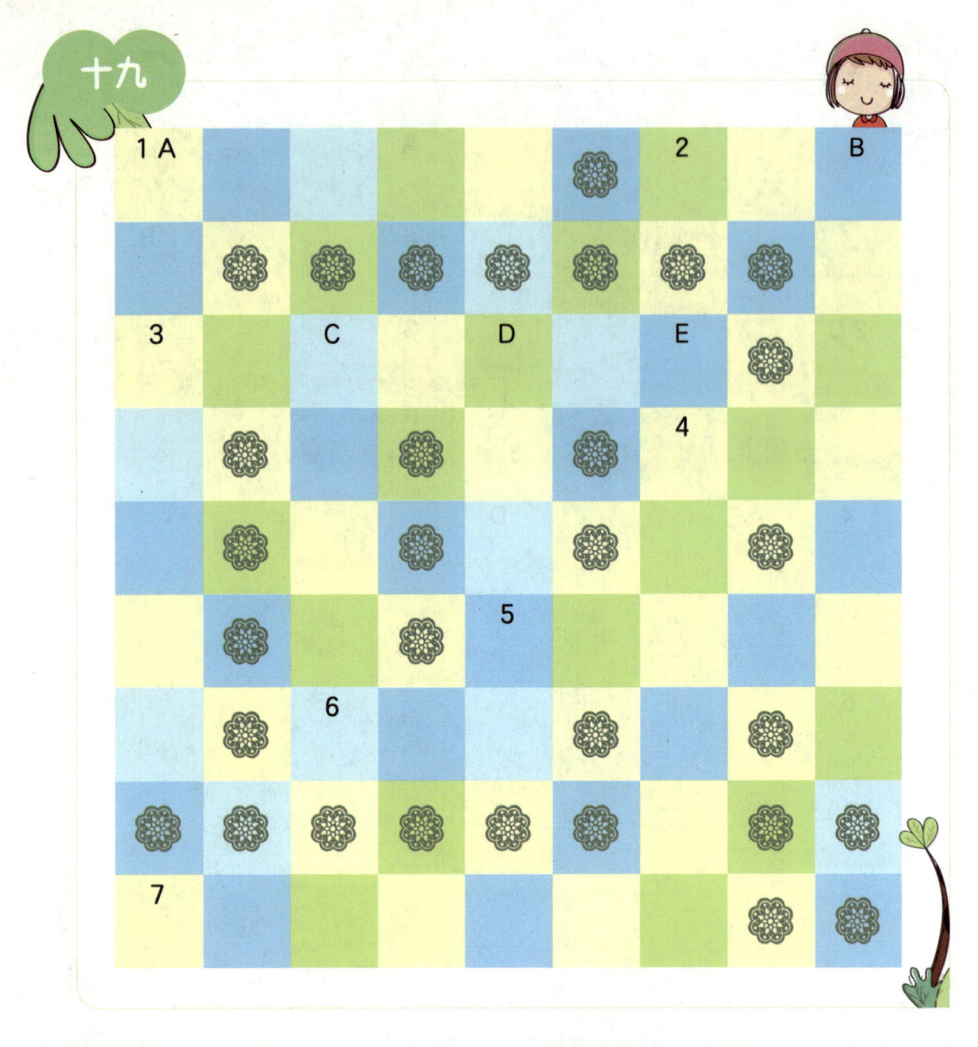

### 横向题目

1. 〔唐〕孟浩然《春晓》
2. 〔宋〕陆游《钗头凤（红酥手）》
3. 〔现代〕毛泽东
   《七律·人民解放军占领南京》
4. 〔宋〕高观国《隔浦莲·七夕》
5. 〔唐〕王建《送吴郎中赴忠州》
6. 〔元〕白朴《念奴娇·中秋效李敬齐体》
7. 〔宋〕王安石《泊船瓜洲》

### 纵向题目

A. 〔唐〕张继《枫桥夜泊》
B. 〔唐〕高适《别董大二首·其一》
C. 〔现代〕毛泽东《卜算子·咏梅》
D. 〔宋〕苏轼《水调歌头（明月几时有）》
E. 〔唐〕王之涣《凉州词二首·其一》

## 二十

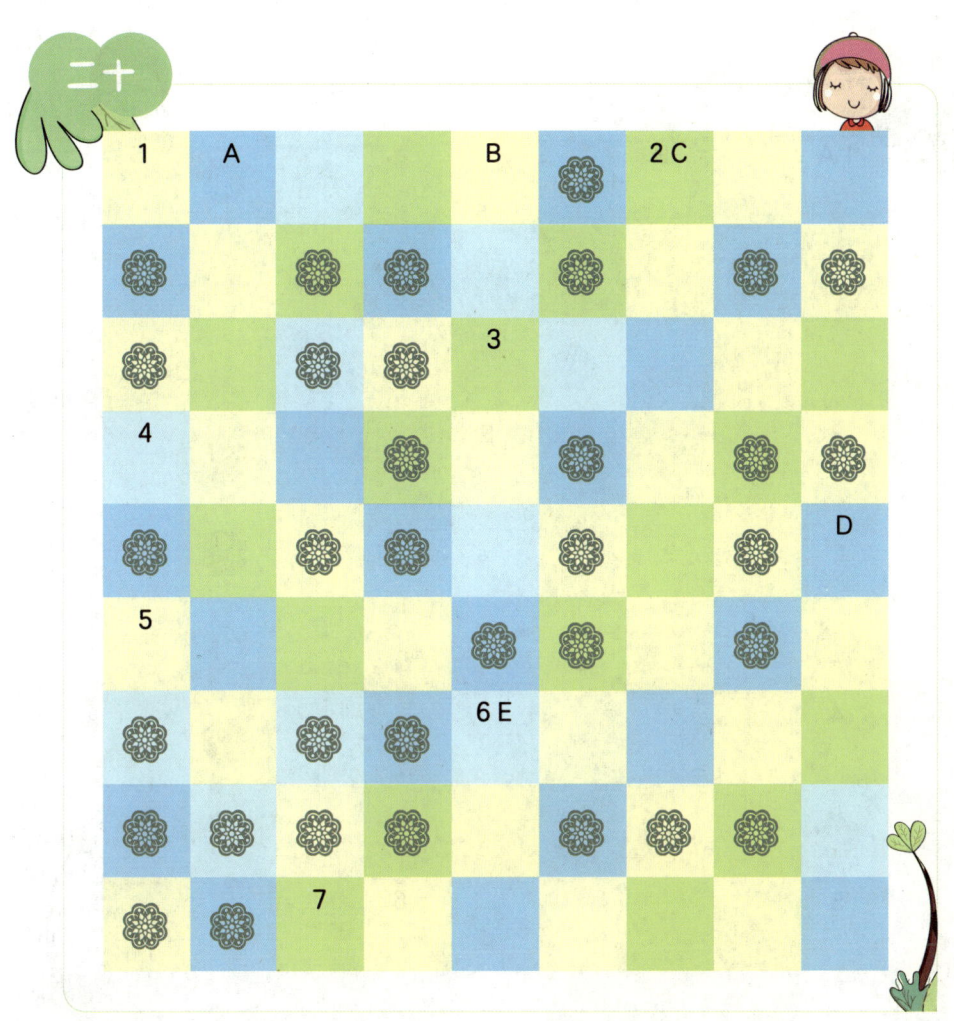

### 横向题目

1. 〔汉乐府〕《江南》
2. 〔宋〕张先《江城子（镂牙歌板齿如犀）》
3. 〔唐〕李贺《马诗二十三首·其五》
4. 〔宋〕辛弃疾
    《千秋岁·为金陵史致道留守寿》
5. 〔宋〕辛弃疾《永遇乐·京口北固亭怀古》
6. 〔唐〕白居易
    《晚春登大云寺南楼，赠常禅师》
7. 〔唐〕白居易《琵琶行》

### 纵向题目

A. 〔唐〕杜牧《江南春》
B. 〔汉乐府〕《江南》
C. 〔唐〕白居易《长恨歌》
D. 〔唐〕李白《古朗月行》
E. 〔宋〕张先
    《醉垂鞭（朱粉不须施）》

## 二十一

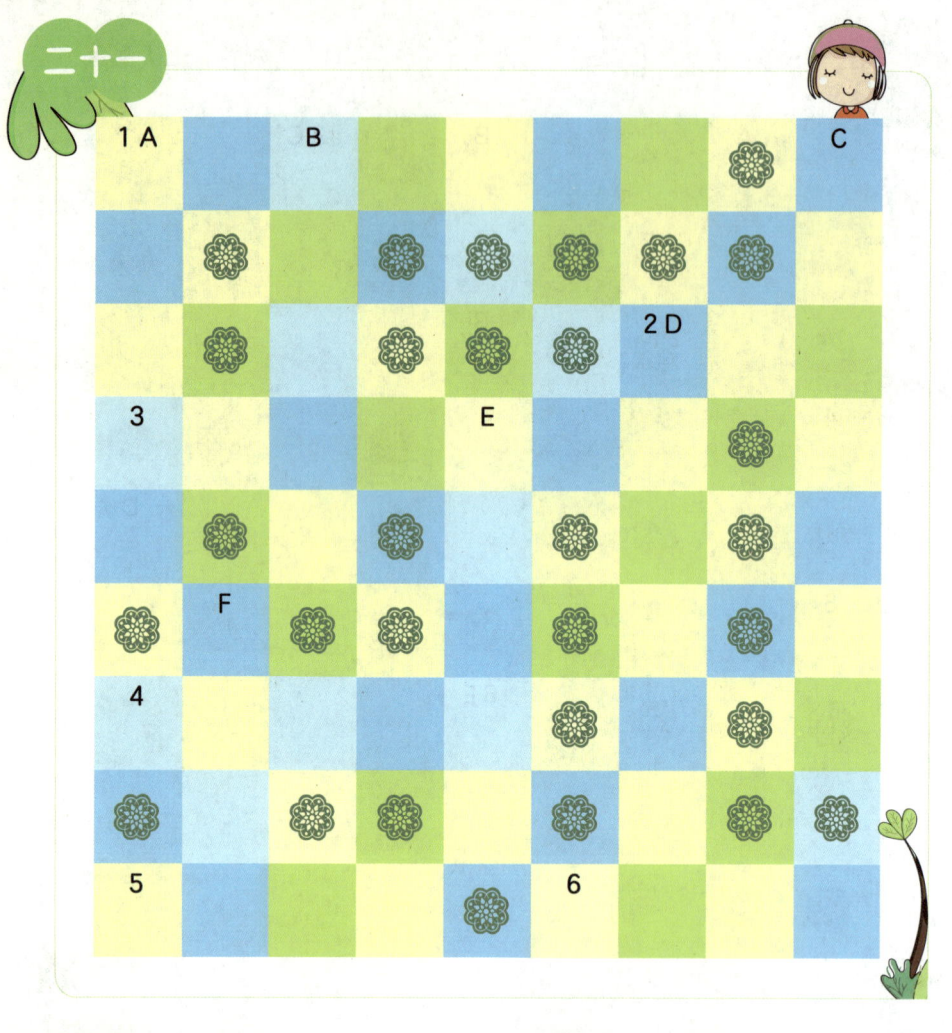

**横向题目**

1. 〔唐〕李白《早发白帝城》
2. 〔宋〕周邦彦《庆春宫（云接平冈）》
3. 〔唐〕李白《望庐山瀑布》
4. 〔唐〕刘长卿《逢雪宿芙蓉山主人》
5. 〔宋〕刘辰翁《鹊桥仙（天香吹下）》
6. 〔宋〕张先《少年游（红叶黄花秋又老）》

**纵向题目**

A. 〔汉乐府〕《长歌行》
B. 〔唐〕白居易《招韬光禅师》
C. 〔宋〕岳飞《满江红·写怀》
D. 〔宋〕张先《蝶恋花·临水人家深宅院》
E. 〔宋〕李清照《夏日绝句》
F. 《诗经·小雅·采薇》

## 二十二

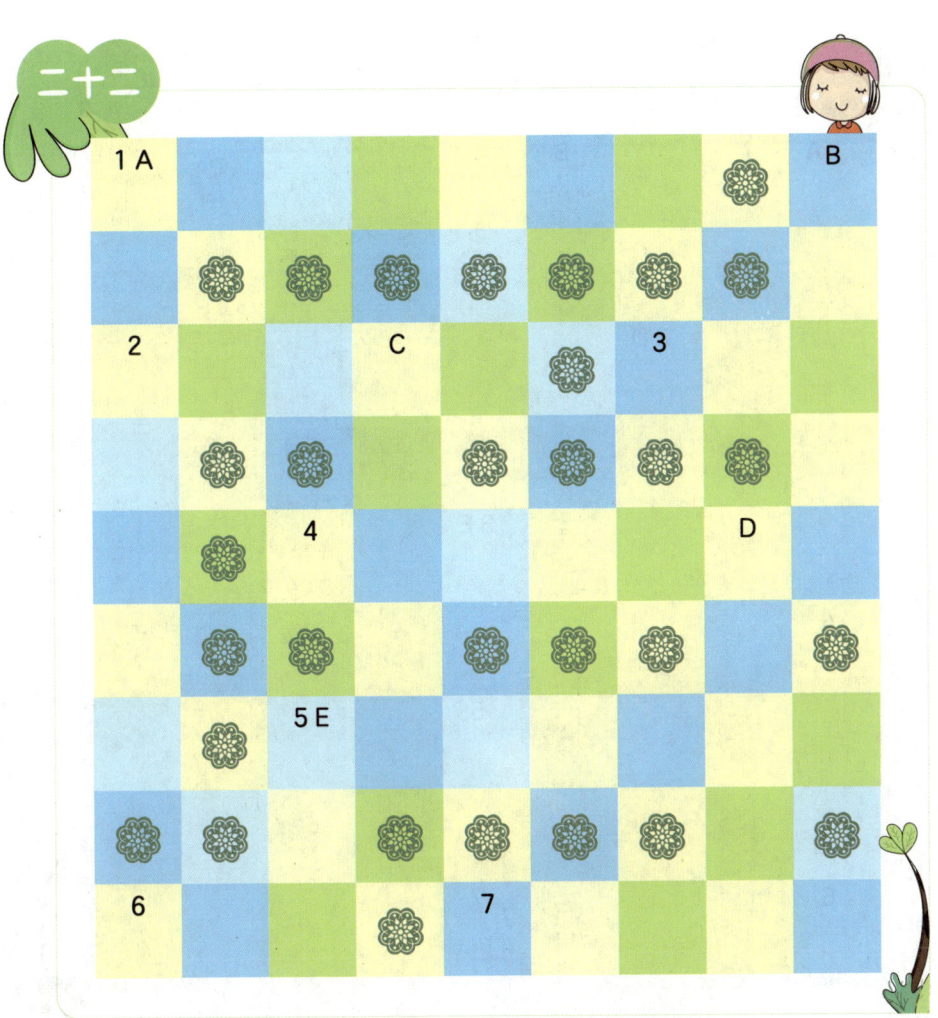

### 横向题目

1. 〔唐〕李白《早发白帝城》
2. 〔唐〕王之涣《登鹳雀楼》
3. 〔宋〕袁去华《满庭芳(马上催归)》
4. 〔宋〕文天祥《过零丁洋》
5. 〔唐〕王建《十五夜望月寄杜郎中》
6. 〔宋〕刘克庄《贺新郎·送陈真州子华》
7. 〔唐〕刘长卿《寻南溪常山道人隐居》

### 纵向题目

A. 〔唐〕杜甫《绝句》
B. 〔北朝民歌〕《木兰诗》
C. 〔唐〕王湾《次北固山下》
D. 〔唐〕白居易《竹窗》
E. 〔宋〕周邦彦《满庭芳（花扑鞭梢）》

## 二十三

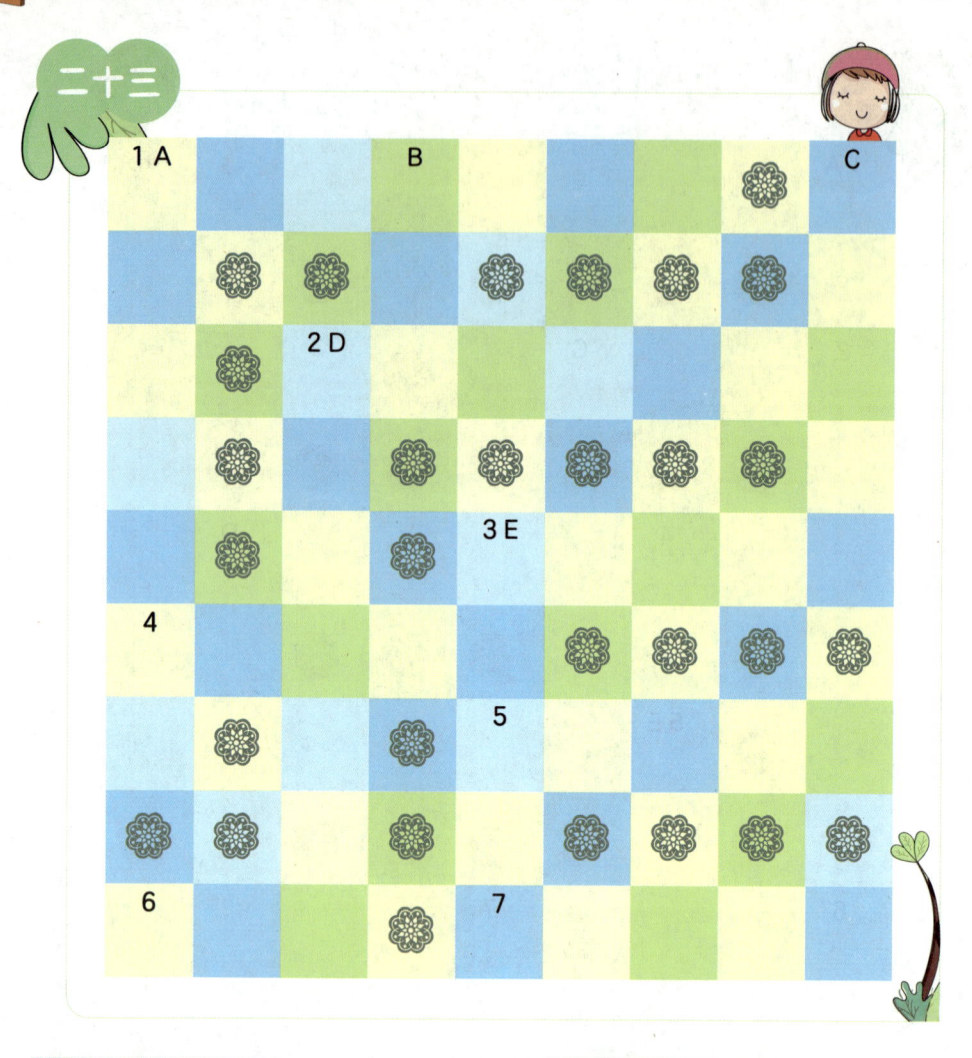

**横向题目**

1. 〔唐〕李白《早发白帝城》
2. 〔唐〕李白《闻王昌龄左迁龙标遥有此寄》
3. 〔宋〕陆游《卜算子·咏梅》
4. 〔唐〕王维《鹿柴》
5. 〔宋〕邵雍《山村咏怀》
6. 〔宋〕万俟咏《长相思·雨》
7. 〔唐〕李白《与夏十二登岳阳楼》

**纵向题目**

A. 〔唐〕白居易《琵琶行》
B. 〔宋〕王安中
   《玉蝴蝶·和梁才甫游园作》
C. 〔唐〕贾岛《题刘华书斋》
D. 〔唐〕刘禹锡《竹枝词二首·其一》
E. 〔唐〕王之涣《登鹳雀楼》

## 二十四

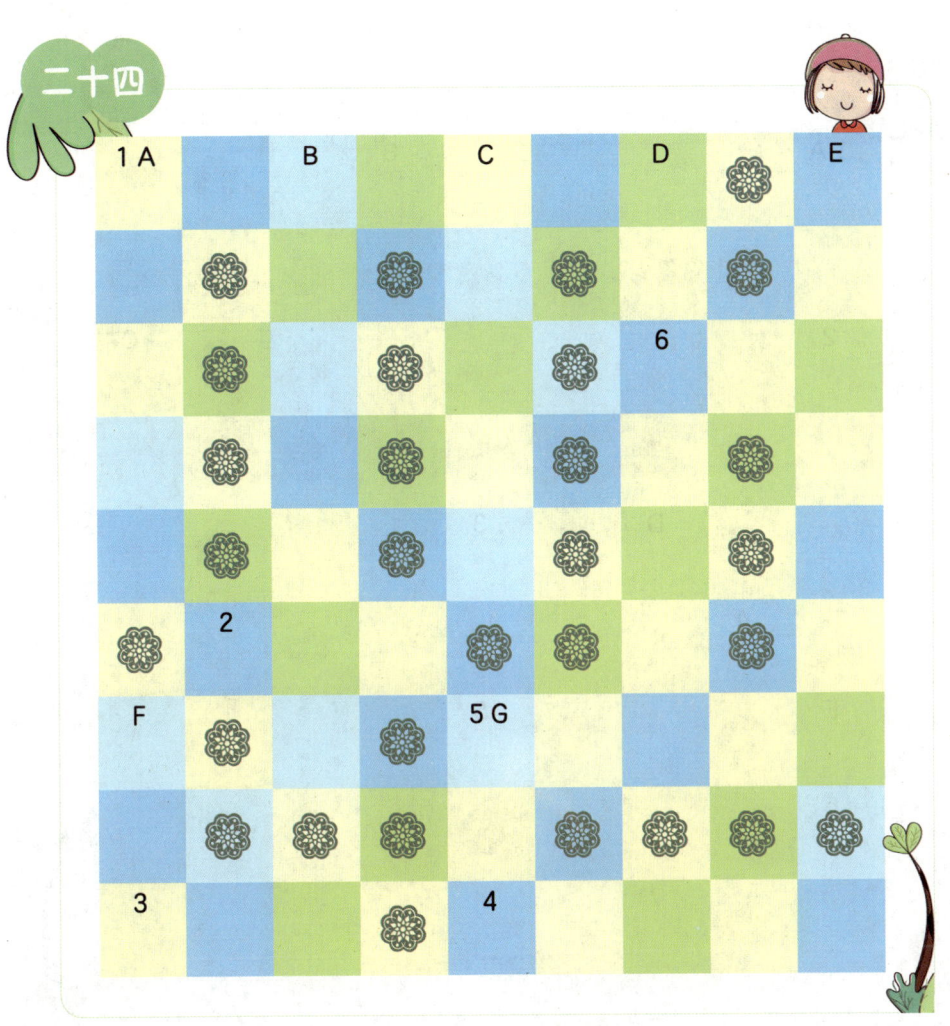

### 横向题目

1. 〔唐〕贺知章《回乡偶书二首·其一》
2. 〔宋〕苏轼《江城子·乙卯正月二十日夜记梦》
3. 〔宋〕张先《芳草渡》
4. 〔唐〕白居易《赋得古原草送别》
5. 〔唐〕薛莹《秋日湖上》
6. 〔宋〕辛弃疾《玉蝴蝶·叔高书来戒酒，用韵》

### 纵向题目

A. 〔汉乐府〕《长歌行》
B. 〔唐〕贺知章《回乡偶书二首·其二》
C. 〔汉乐府〕《长歌行》
D. 〔宋〕苏轼《定风波（莫听穿林打叶声）》
E. 〔唐〕崔颢《黄鹤楼》
F. 〔现代〕毛泽东《沁园春·雪》
G. 〔宋〕张炎《八声甘州·饯草窗归雪》

## 二十五

### 横向题目

1. 〔唐〕白居易《暮江吟》
2. 《诗经·小雅·采薇》
3. 〔宋〕张孝祥《木兰花慢（紫箫吹散后）》
4. 〔南唐〕冯延巳《归自谣》
5. 〔北朝民歌〕《木兰诗》
6. 〔宋〕刘克庄《念奴娇（老逢初度）》
7. 〔唐〕白居易《长恨歌》

### 纵向题目

A. 〔唐〕杜甫《月夜忆舍弟》
B. 〔宋〕晏殊《浣溪沙（一曲新词酒一杯）》
C. 〔唐〕杜牧《叹花》
D. 〔唐〕元稹《行宫》
E. 〔宋〕吴潜《千秋岁（水晶宫里）》

# 二十六

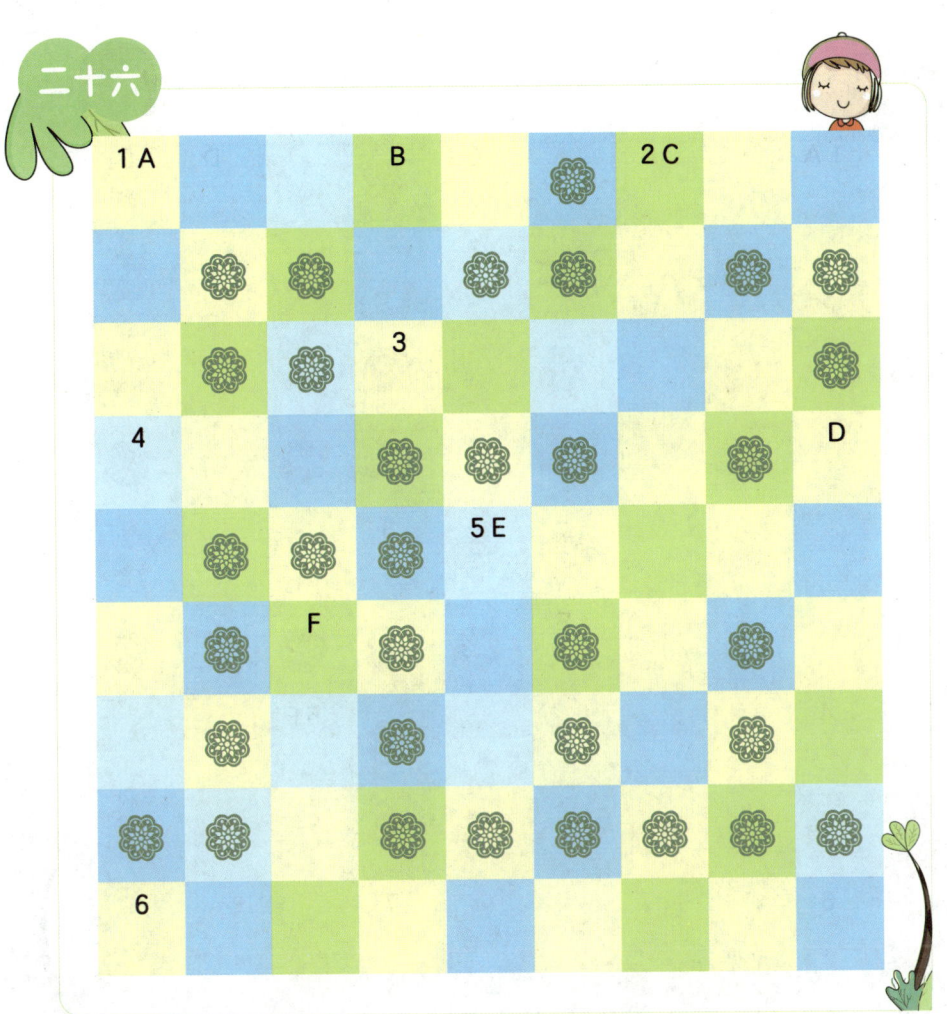

## 横向题目

1. 〔汉乐府〕《长歌行》
2. 〔宋〕苏轼《行香子·述怀》
3. 〔宋〕陆游《纵笔三首·其三》
4. 〔南唐〕李煜《相见欢（无言独上西楼）》
5. 〔唐〕杜甫《梦李白二首·其二》
6. 〔南唐〕李煜《相见欢（无言独上西楼）》

## 纵向题目

A. 〔唐〕李商隐《夜雨寄北》
B. 〔宋〕姜夔《翠楼吟（淳熙丙午冬）》
C. 〔唐〕周朴《天门灵泉院》
D. 〔宋〕苏轼《行香子·述怀》
E. 〔唐〕白居易《红线毯》
F. 《诗经·小雅·小旻》

# 二十七

## 横向题目

1. 〔唐〕骆宾王《咏鹅》
2. 〔汉〕曹操《观沧海》
3. 《诗经·小雅·天保》
4. 〔唐〕王绩《野望》
5. 〔宋〕辛弃疾《小重山·茉莉》
6. 〔宋〕石孝友《西地锦》
7. 〔宋〕晏殊《蝶恋花（槛菊愁烟兰泣露）》

## 纵向题目

A. 〔唐〕韩愈《同水部张员外籍曲江春游寄白二十二舍人》
B. 〔唐〕李商隐《乐游原》
C. 〔汉〕曹操《观沧海》
D. 〔唐〕岑参《白雪歌送武判官归京》
E. 〔宋〕石孝友《西地锦》
F. 〔唐〕温庭筠《更漏子（柳丝长）》

二十八

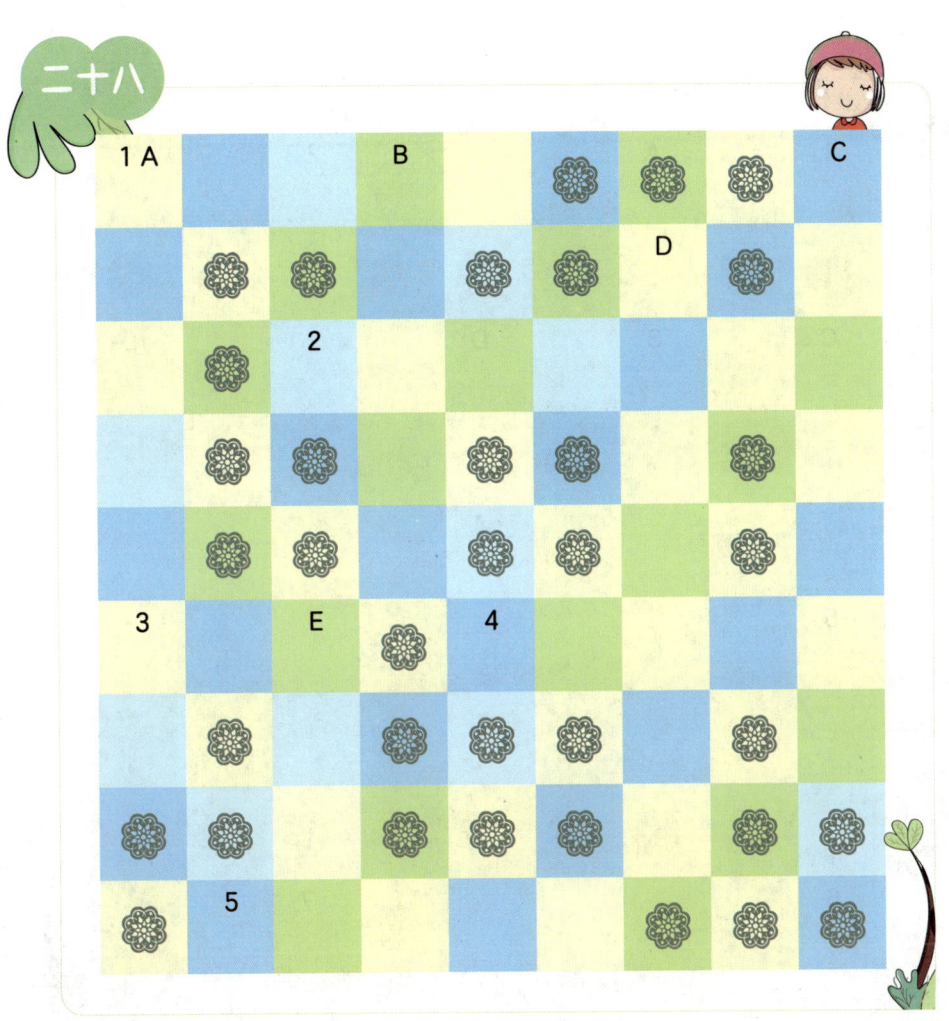

## 横向题目

1. 〔唐〕骆宾王《咏鹅》
2. 〔宋〕李石《扇子诗》
3. 〔宋〕方千里《宴清都（暮色阑津鼓）》
4. 〔唐〕杜甫《寄赠王十将军承俊》
5. 〔唐〕孟郊《游子吟》

## 纵向题目

A. 〔唐〕杜甫《闻官军收河南河北》
B. 〔唐〕白居易《问刘十九》
C. 〔南唐〕李煜《忆江南（多少恨）》
D. 〔唐〕韩愈
  《早春呈水部张十八员外二首·其一》
E. 《诗经·国风·葛覃》

## 二十九

### 横向题目

1. 〔唐〕李峤《风》
2. 〔宋〕陈亮《洞仙歌·雨》
3. 〔唐〕杜甫《八阵图》
4. 〔唐〕李世民《帝京篇十首·其九》
5. 〔唐〕卢仝《月蚀诗》
6. 〔唐〕李端《听筝》
7. 〔宋〕晏几道《诉衷情（都人离恨满歌筵）》

### 纵向题目

A. 〔宋〕岳飞《满江红·写怀》
B. 〔现代〕毛泽东《七律·答友人》
C. 〔宋〕赵佶《宫词·其三十九》
D. 〔南北朝〕鲍照《玩月城西门廨中》
E. 〔唐〕白居易《梦行简》

# 三十

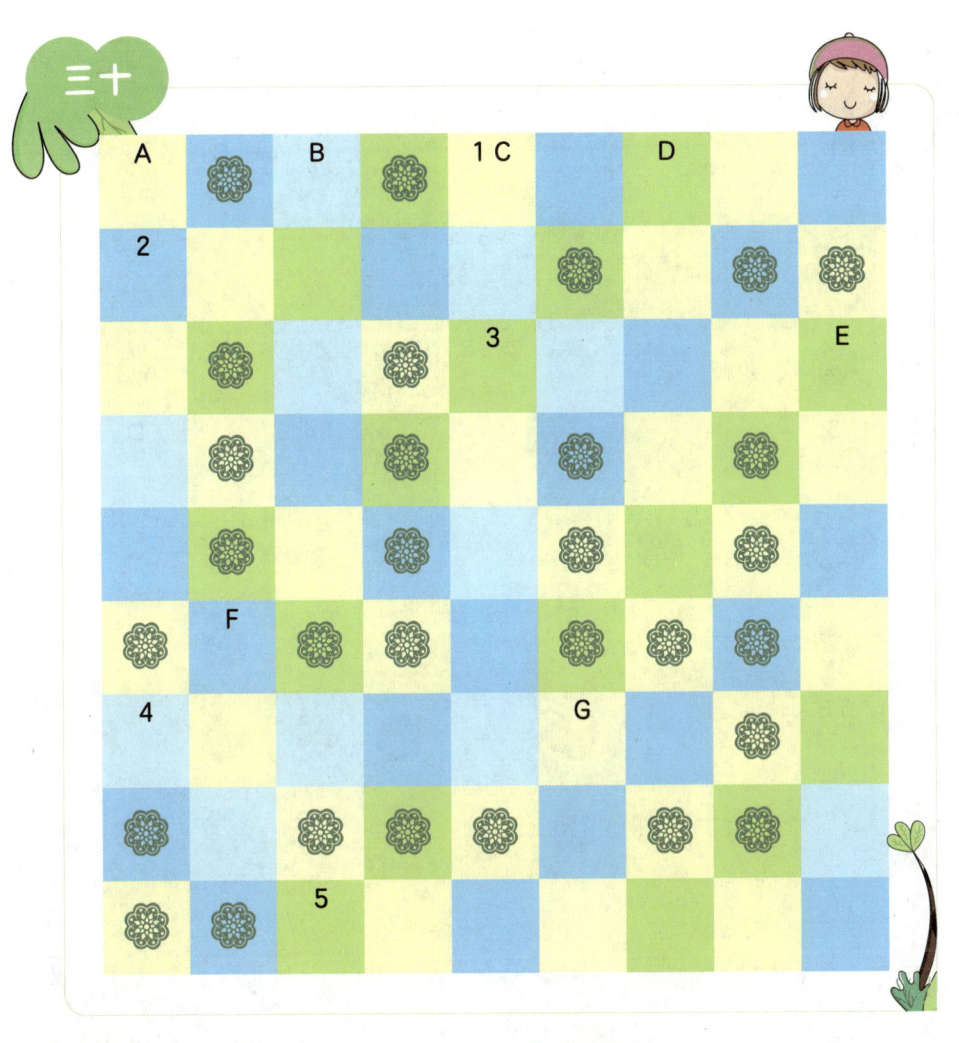

## 横向题目

1. 〔唐〕李绅《悯农二首·其一》
2. 〔唐〕李峤《风》
3. 〔唐〕李绅《悯农二首·其一》
4. 〔宋〕苏轼《正月二十日与潘郭二生出郊寻春忽记去年是日同至女王城作诗乃和前韵》
5. 〔唐〕张志和《渔歌子（西塞山前白鹭飞）》

## 纵向题目

A. 〔唐〕杜甫《前出塞九首·其六》
B. 〔唐〕李商隐《无题（八岁偷照镜）》
C. 〔南唐〕李煜《虞美人（春花秋月何时了）》
D. 〔宋〕陈傅良《送郑少卿景望知建宁》
E. 〔唐〕白居易《鸟》
F. 〔宋〕陆游《钗头凤（红酥手）》
G. 〔宋〕贺铸《渔家傲（窈窕盘门西转路）》

## 三十一

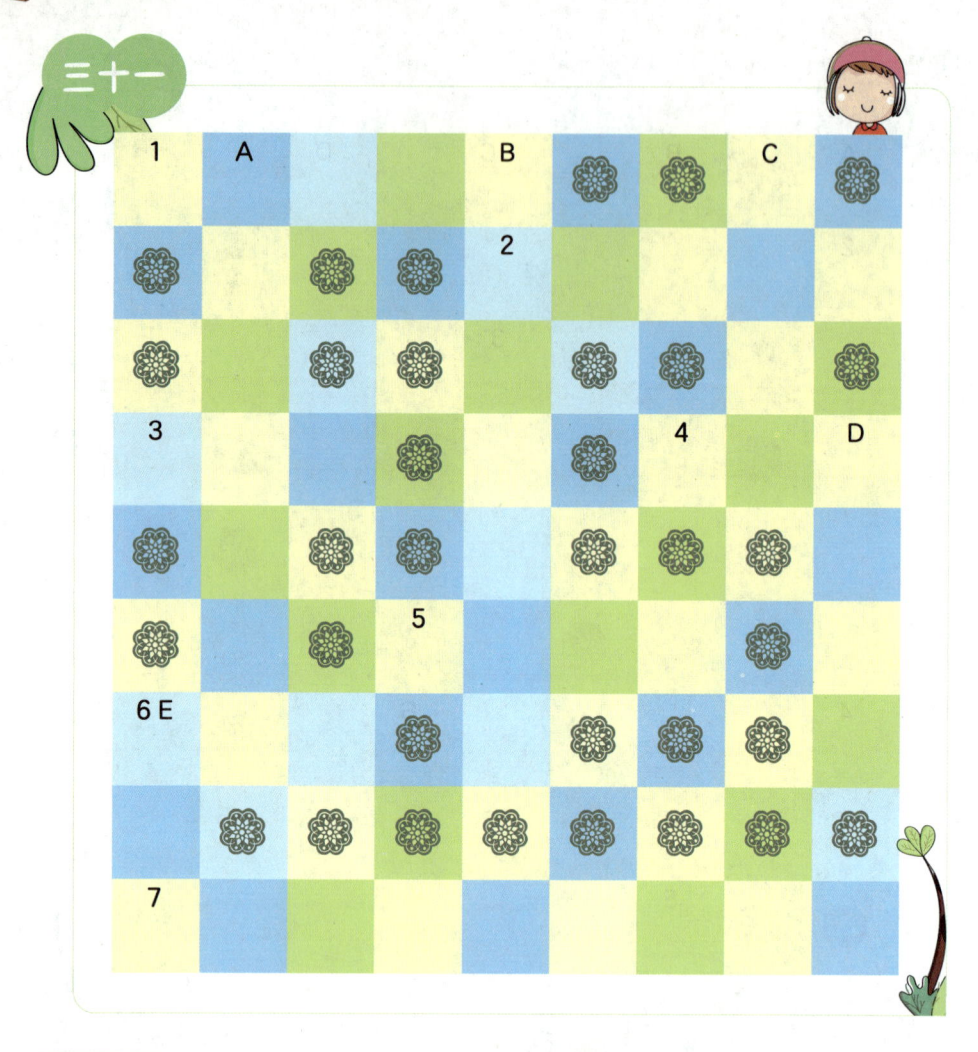

### 横向题目

1. 〔唐〕李峤《风》
2. 〔唐〕杜甫《旅夜书怀》
3. 〔宋〕秦观《行香子（树绕村庄）》
4. 〔宋〕柳永《雨霖铃（寒蝉凄切）》
5. 《诗经·商颂·玄鸟》
6. 〔宋〕史达祖《祝英台近（柳枝愁）》
7. 〔宋〕李煜《虞美人（风回小院庭芜绿）》

### 纵向题目

A. 〔宋〕苏轼《惠崇春江晚景二首·其一》
B. 〔唐〕张若虚《春江花月夜》
C. 〔宋〕苏轼《念奴娇·赤壁怀古》
D. 〔汉〕曹操《短歌行》
E. 〔宋〕寇准《江南春（波渺渺）》

## 三十二

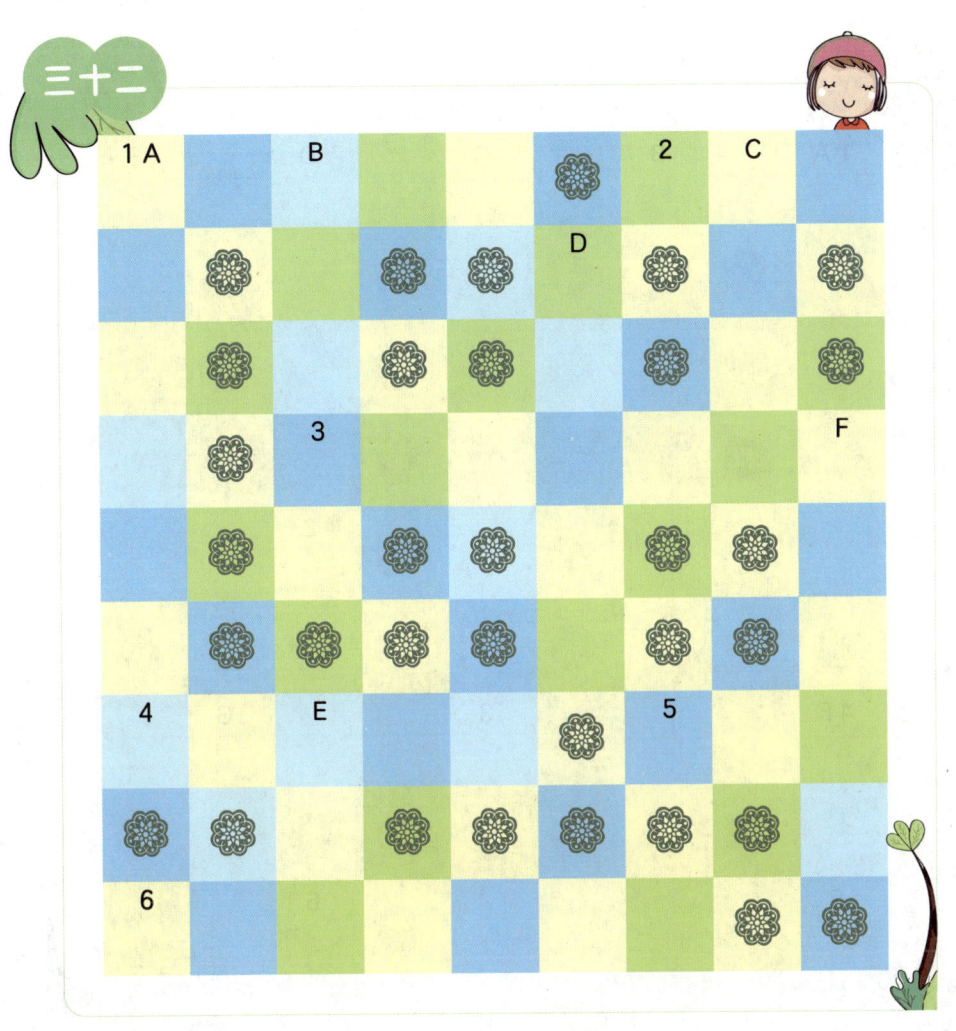

### 横向题目

1. 〔唐〕孟浩然《春晓》
2. 〔唐〕李白《秋风词》
3. 〔唐〕白居易《大林寺桃花》
4. 〔唐〕杜牧《折菊》
5. 〔宋〕苏轼
   《江城子·乙卯正月二十日夜记梦》
6. 〔唐〕杜甫《登楼》

### 纵向题目

A. 〔唐〕无名氏《金缕衣》
B. 〔唐〕贾岛《题诗后》
C. 〔宋〕刘一止
   《念奴娇·中秋后一夕泊舟城外》
D. 〔唐〕王维《鹿柴》
E. 〔宋〕欧阳修《夜行船（忆昔西都欢纵）》
F. 〔唐〕王维《杂诗三首·其二》

## 三十三

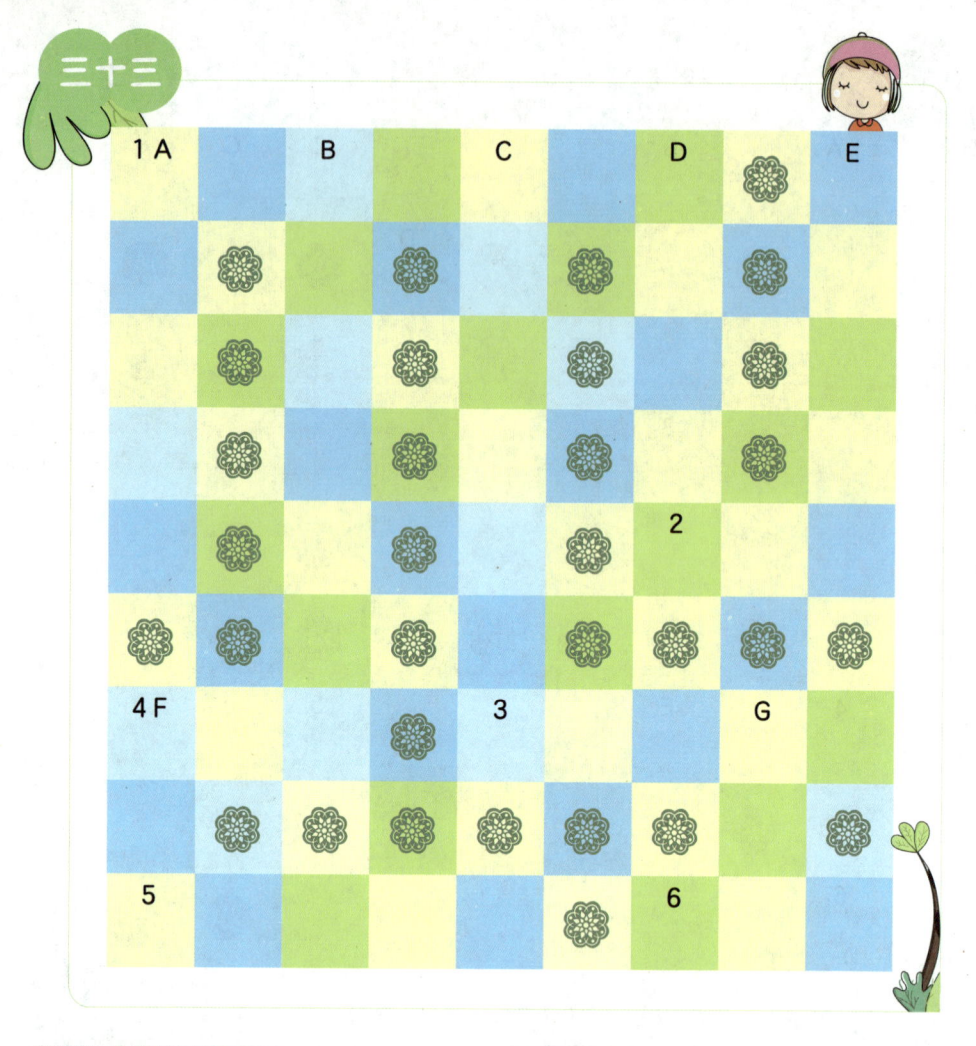

**横向题目**

1. 〔唐〕李白《早发白帝城》
2. 〔南唐〕李煜《渔父二首·其二》
3. 〔唐〕王维《终南别业》
4. 〔宋〕李纲《忆江南（新月出）》
5. 〔唐〕刘长卿《代边将有怀》
6. 〔唐〕毛文锡《甘州遍（春光好）》

**纵向题目**

A. 〔唐〕柳宗元《江雪》
B. 〔清〕赵翼《论诗五首·其二》
C. 〔唐〕白居易《暮江吟》
D. 〔唐〕孟浩然《过故人庄》
E. 〔唐〕孟浩然《宿建德江》
F. 〔宋〕李清照
 《凤凰台上忆吹箫（香冷金猊）》
G. 〔唐〕欧阳炯《春光好（天初暖）》

## 三十四

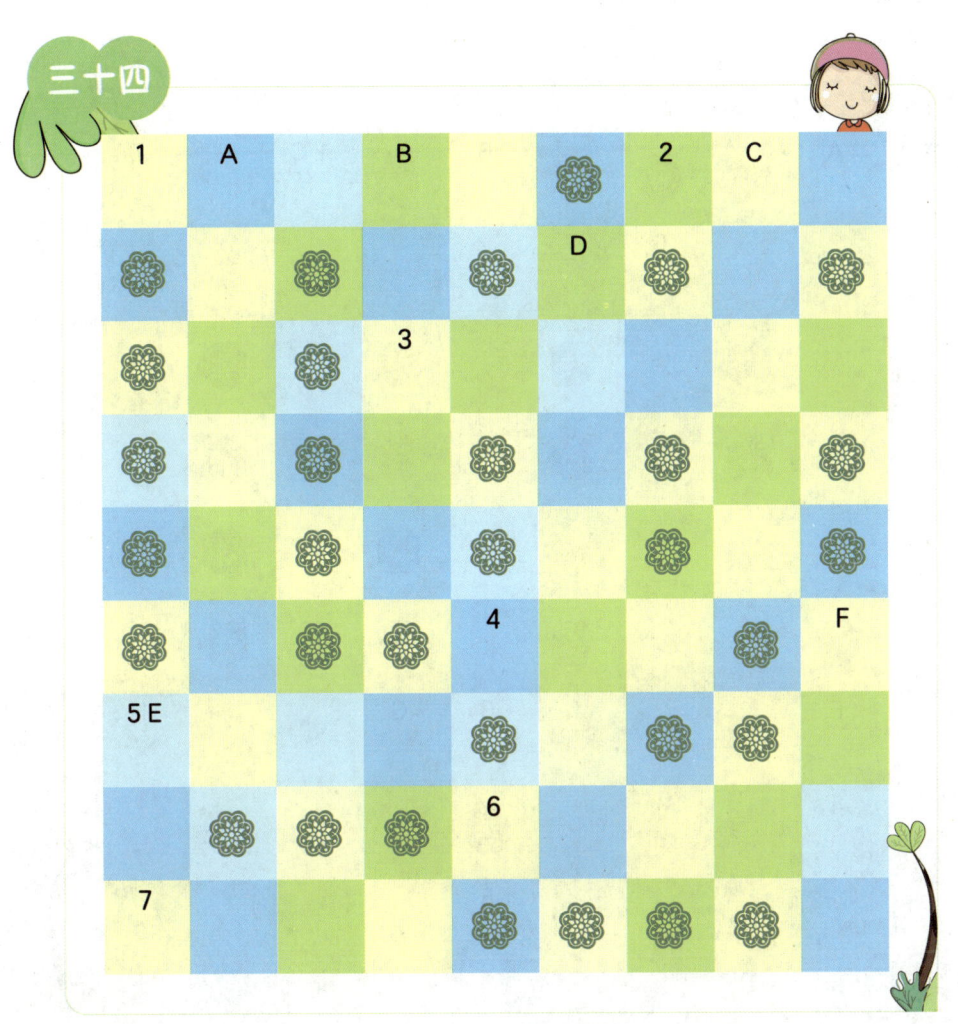

### 横向题目

1. 〔现代〕毛泽东《卜算子·咏梅》
2. 〔宋〕张炎《风入松·赠蒋道录溪山堂》
3. 〔宋〕苏轼《水调歌头（明月几时有）》
4. 〔唐〕刘长卿《新安送陆澧归江阴》
5. 《诗经·陈风·衡门》
6. 〔唐〕杜甫《春望》
7. 〔元〕丘处机《万年春·衲衣》

### 纵向题目

A. 〔宋〕李重元《忆王孙·春词》
B. 〔唐〕孟浩然《春晓》
C. 〔唐〕元稹《行宫》
D. 〔唐〕李白
    《把酒问月·故人贾淳令予问之》
E. 〔元〕李庭《满庭芳·冀德修生朝》
F. 〔宋〕周邦彦《解连环（怨怀无托）》

## 三十五

**横向题目**

1. 〔宋〕葛长庚《沁园春（乍雨还晴）》
2. 〔唐〕贺知章《回乡偶书二首·其一》
3. 〔唐〕杜甫《江头五咏·花鸭》
4. 《诗经·邶风·日月》
5. 〔唐〕王湾《次北固山下》

**纵向题目**

A. 〔宋〕李清照
   《菩萨蛮（风柔日薄春犹早）》
B. 〔唐〕白居易《卖炭翁》
C. 〔唐〕白居易《池上》
D. 〔唐〕张乔《寻桃源》
E. 〔唐〕杜甫《登高》
F. 〔宋〕唐庚《诉衷情·旅愁》
G. 〔宋〕辛弃疾
   《满江红·和杨民瞻送祐之弟还侍浮梁》
H. 〔宋〕蔡伸《喜迁莺（青娥呈瑞）》

## 三十六

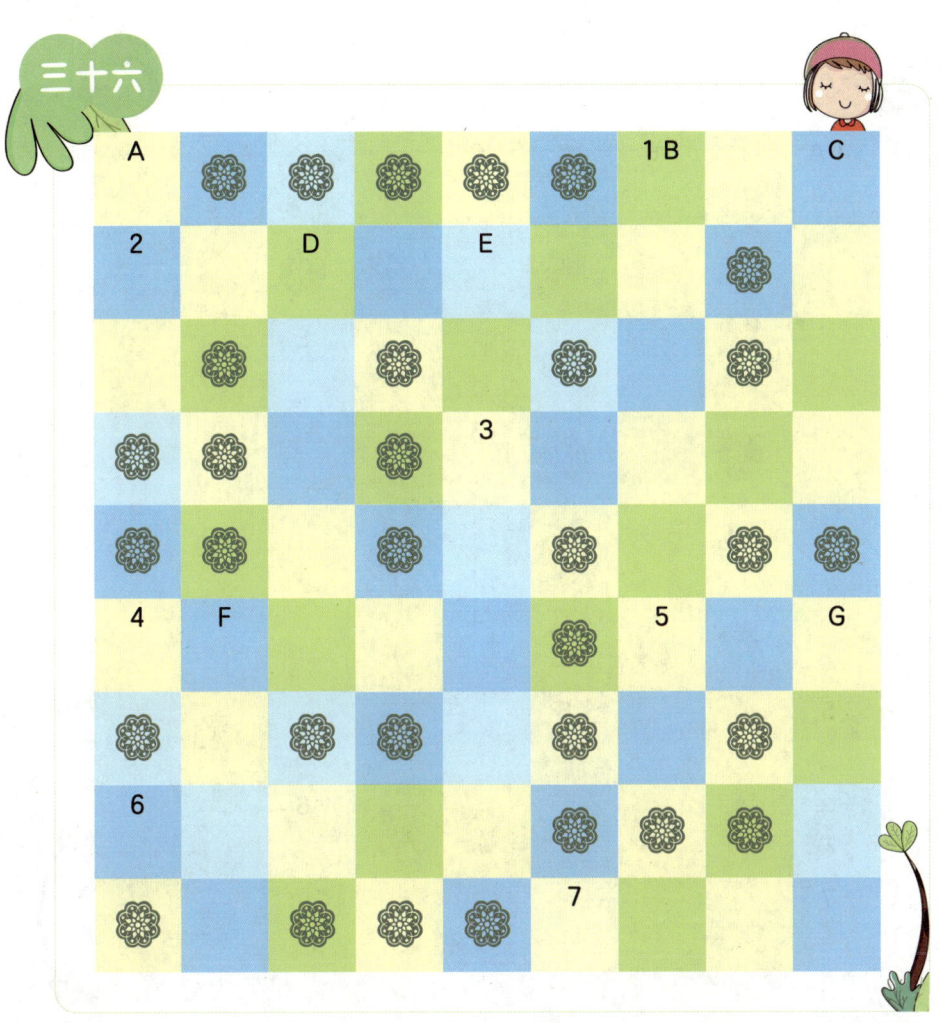

### 横向题目

1. 〔宋〕洪适《渔家傲（正月东风初解冻）》
2. 〔唐〕贺知章《回乡偶书二首·其一》
3. 〔唐〕杜荀鹤《出山》
4. 〔唐〕陈子昂《送州南江别乡曲故人》
5. 〔宋〕叶梦得
   《满江红·重阳赏菊，时予已除代》
6. 〔唐〕李世民《秋日二首·其一》
7. 《诗经·小雅·谷风》

### 纵向题目

A. 〔宋〕苏轼《念奴娇·赤壁怀古》
B. 〔现代〕毛泽东《七绝·咏蛙》
C. 〔宋〕张孝祥《雨中花慢（一叶凌波）》
D. 〔唐〕温庭筠《商山早行》
E. 〔宋〕苏轼《水调歌头（明月几时有）》
F. 〔宋〕刘学箕《念奴娇·断虹开霁》
G. 〔宋〕卢祖皋
   《江城子·外舅作梅坡因寿日作此》

## 三十七

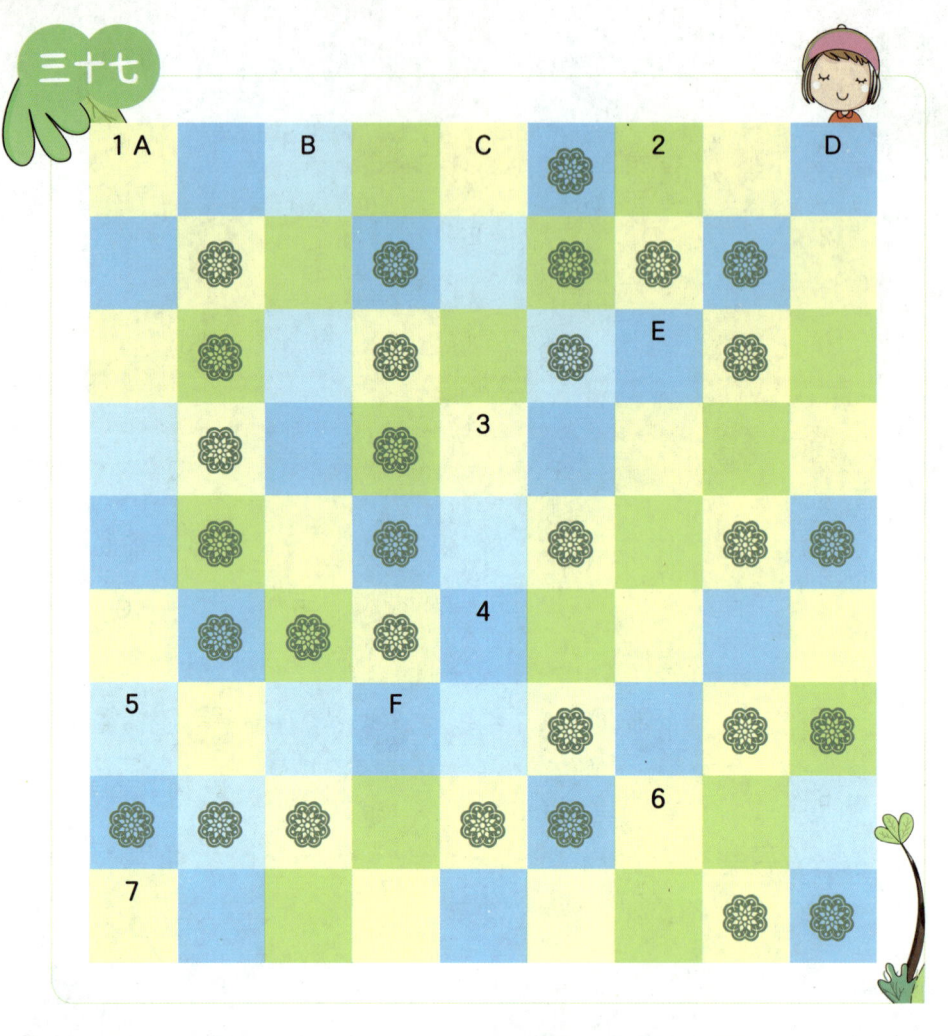

**横向题目**

1. 〔唐〕王之涣《登鹳雀楼》
2. 〔宋〕赵以夫《贺新郎·送郑怡山归里》
3. 〔唐〕杨炯《从军行》
4. 〔明〕潘希曾《湖上漫兴》
5. 〔宋〕项安世《赵婺州挽诗》
6. 〔宋〕辛弃疾《水龙吟·登建康赏心亭》
7. 〔唐〕白居易《长恨歌》

**纵向题目**

A. 〔现代〕毛泽东《七律·长征》
B. 〔宋〕陆游《卜算子·咏梅》
C. 〔宋〕陆游《书愤五首·其一》
D. 〔宋〕苏轼《念奴娇·赤壁怀古》
E. 〔宋〕陆游《游近村》
F. 〔南唐〕冯延巳《芳草渡(梧桐落)》

三十八

**横向题目**

1. 〔宋〕周邦彦《芳草渡·别恨》
2. 〔唐〕白居易《暮江吟》
3. 〔元〕仇远《浪淘沙（芍药小纱窗）》
4. 〔明〕黄淳耀《过彭蠡湖七首·其三》
5. 〔南唐〕李煜《虞美人（春花秋月何时了）》

**纵向题目**

A. 〔唐〕韦应物《滁州西涧》
B. 〔唐〕杜甫《茅屋为秋风所破歌》
C. 〔宋〕李清照《如梦令（昨夜雨疏风骤）》
D. 〔宋〕梅尧臣《田家语》
E. 〔宋〕吕胜己《霜天晓角·题九里驿》
F. 〔宋〕苏轼《江城子·别徐州》

## 三十九

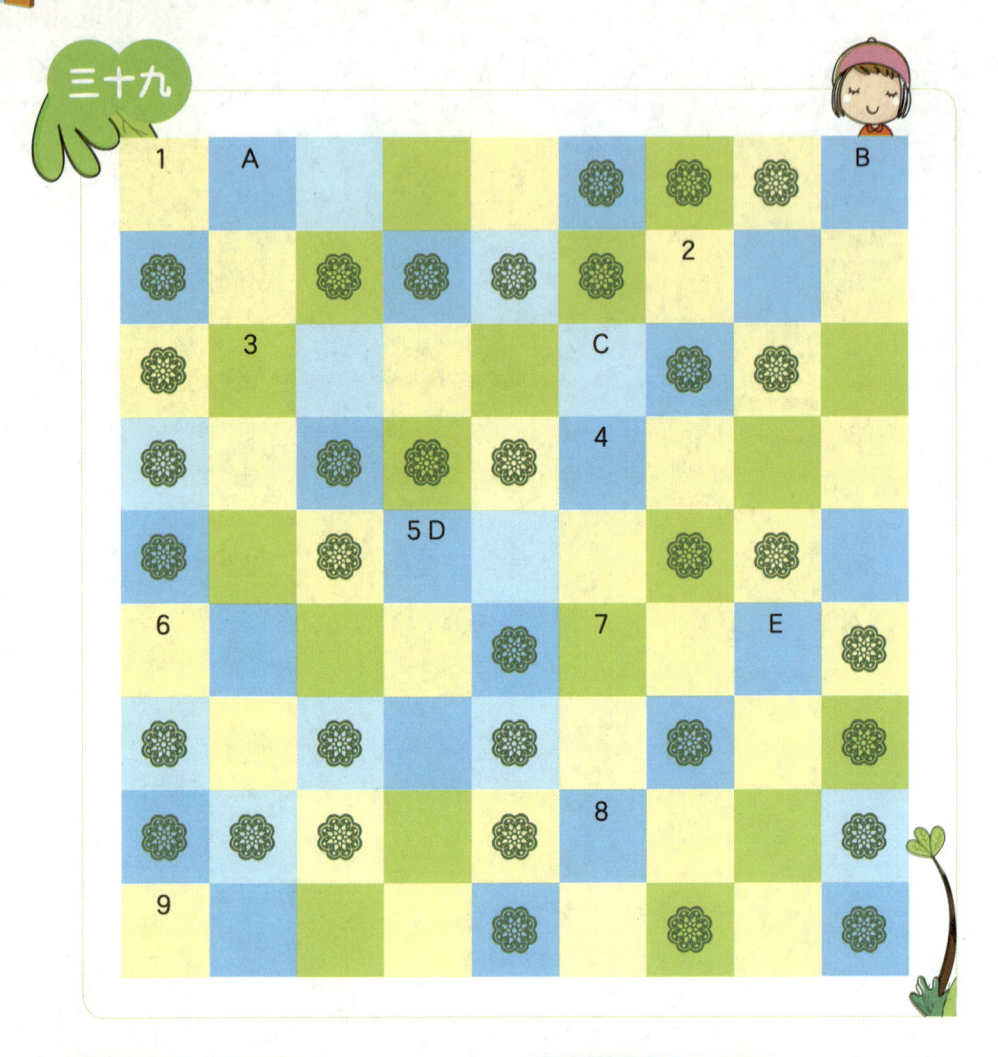

### 横向题目

1. 〔汉乐府〕《长歌行》
2. 〔宋〕刘过《鹧鸪天（楼外云山千万重）》
3. 〔唐〕李白《古朗月行》
4. 《诗经·王风·黍离》
5. 〔元〕马致远《四块玉（绿鬓衰）》
6. 〔宋〕虞集《苏武慢（皓月清霜）》
7. 〔宋〕陆游《诉衷情（当年万里觅封侯）》
8. 〔宋〕张炎《新雁过妆楼（风雨不来）》
9. 《诗经·小雅·常棣》

### 纵向题目

A. 〔宋〕王安石《泊船瓜洲》
B. 〔唐〕韦应物《淮上喜会梁川故人》
C. 〔宋〕陆游《书愤五首·其一》
D. 〔唐〕孟浩然《过故人庄》
E. 〔宋〕吴文英
　《新雁过妆楼（梦醒芙蓉）》

# 四十

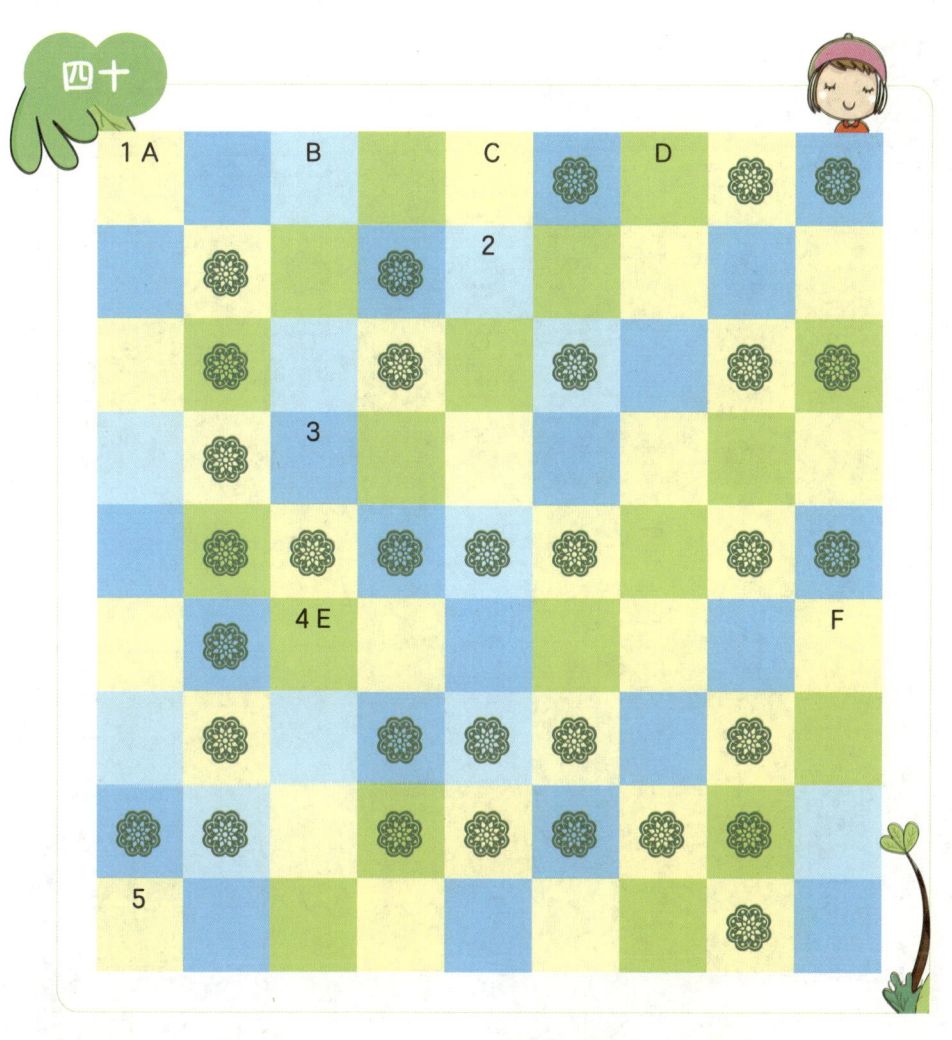

## 横向题目

1. 〔汉乐府〕《长歌行》
2. 〔唐〕白居易《池上》
3. 〔唐〕李习《凌云寺》
4. 〔唐〕李商隐《韩碑》
5. 〔唐〕李商隐《韩碑》

## 纵向题目

A. 〔现代〕毛泽东
   《七律·人民解放军占领南京》
B. 〔汉〕曹操《观沧海》
C. 〔汉〕曹操《短歌行》
D. 〔唐〕郑谷《蜀中三首·其一》
E. 《诗经·大雅·文王》
F. 〔宋〕周密《疏影·梅影》

## 四十一

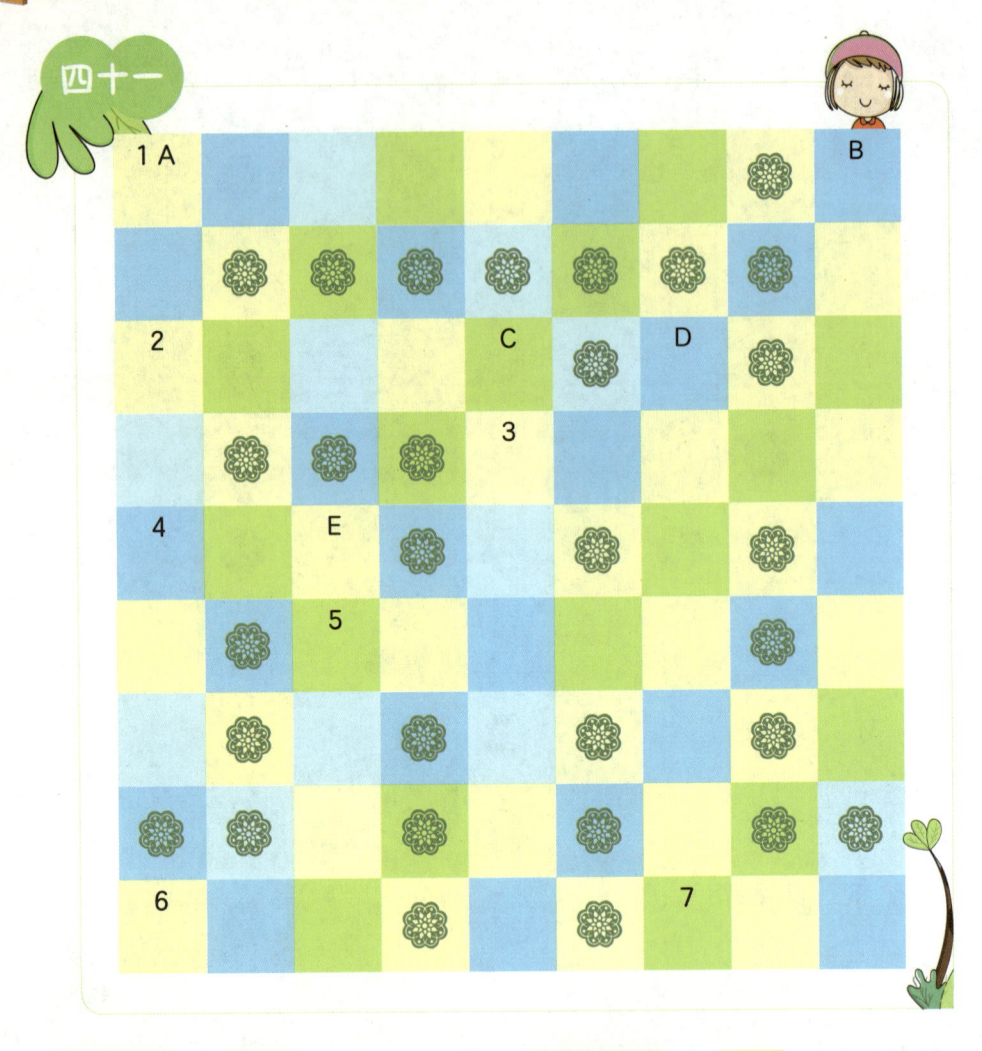

### 横向题目

1. 〔北朝民歌〕《敕勒歌》
2. 〔宋〕李清照《夏日绝句》
3. 〔唐〕李白《赠孟浩然》
4. 〔元〕贯云石《红绣鞋·欢情》
5. 〔唐〕白居易《寄题余杭郡楼兼呈裴使君》
6. 〔宋〕周邦彦《夜游宫（叶下斜阳照水）》
7. 〔宋〕吕渭老《满江红（笑语移时）》

### 纵向题目

A. 〔宋〕杨万里《晓出净慈寺送林子方》
B. 〔唐〕白居易《琵琶行》
C. 〔唐〕杜牧《赤壁》
D. 〔唐〕李白《把酒问月·故人贾淳令予问之》
E. 〔唐〕李峤《风》

四十二

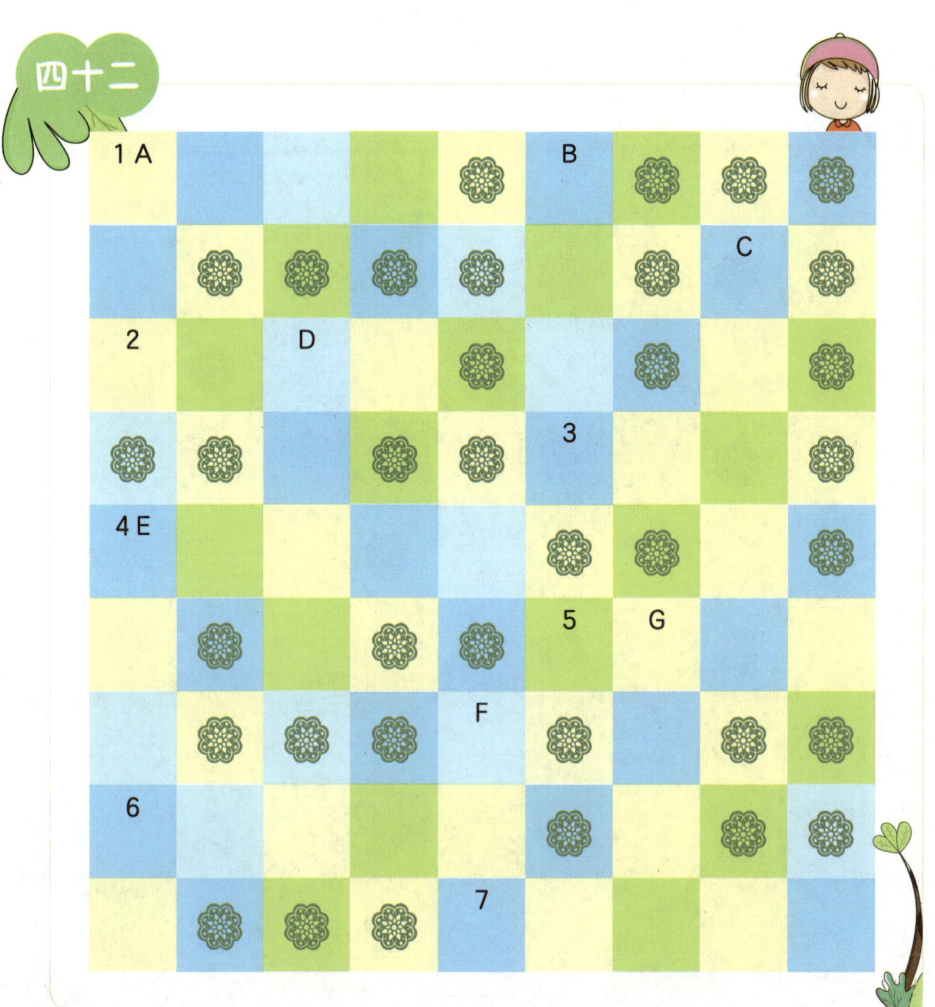

## 横向题目

1. 〔北朝民歌〕《敕勒歌》
2. 《诗经·齐风·鸡鸣》
3. 〔北朝民歌〕《敕勒歌》
4. 《诗经·邶风·静女》
5. 〔宋〕陈德武《望海潮（山涯海角）》
6. 〔宋〕陆游《东篱杂书四首·其二》
7. 〔唐〕韦应物《寄全椒山中道士》

## 纵向题目

A. 〔北朝民歌〕《敕勒歌》
B. 〔北朝民歌〕《敕勒歌》
C. 〔现代〕毛泽东《沁园春·长沙》
D. 《诗经·周南·桃夭》
E. 《诗经·郑风·丰》
F. 〔唐〕李煜《忆江南（多少恨）》
G. 〔元〕王行《踏莎行·诀上人留宿是日俞明府鹤瓢道人同访》

## 四十三

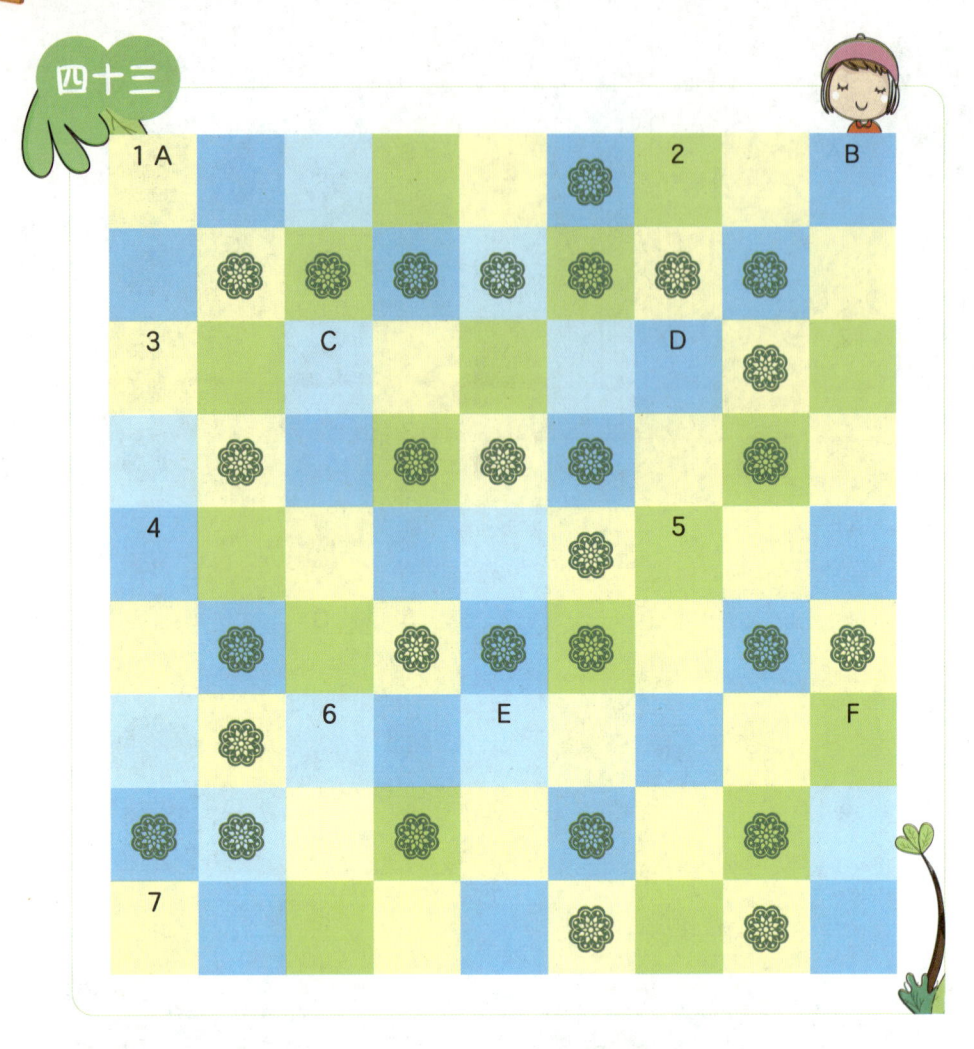

### 横向题目

1. 〔唐〕骆宾王《咏鹅》
2. 〔宋〕晏几道《鹧鸪天（当日佳期鹊误传）》
3. 〔宋〕苏轼《蝶恋花·春景》
4. 〔唐〕杜甫《绝句二首·其一》
5. 〔宋〕范仲淹《渔家傲·秋思》
6. 〔宋〕孔武仲《瀑布六首·其五》
7. 〔唐〕杜甫《春日江村五首·其一》

### 纵向题目

A. 〔宋〕宋祁《玉楼春·春景》
B. 〔宋〕朱熹《小均四景诗·其三》
C. 〔宋〕陆游《游山西村》
D. 〔唐〕白居易《红线毯》
E. 〔金〕马钰《蓬莱阁·赠谭公子》
F. 〔宋〕姜夔《鹧鸪天·元夕不出》

## 四十四

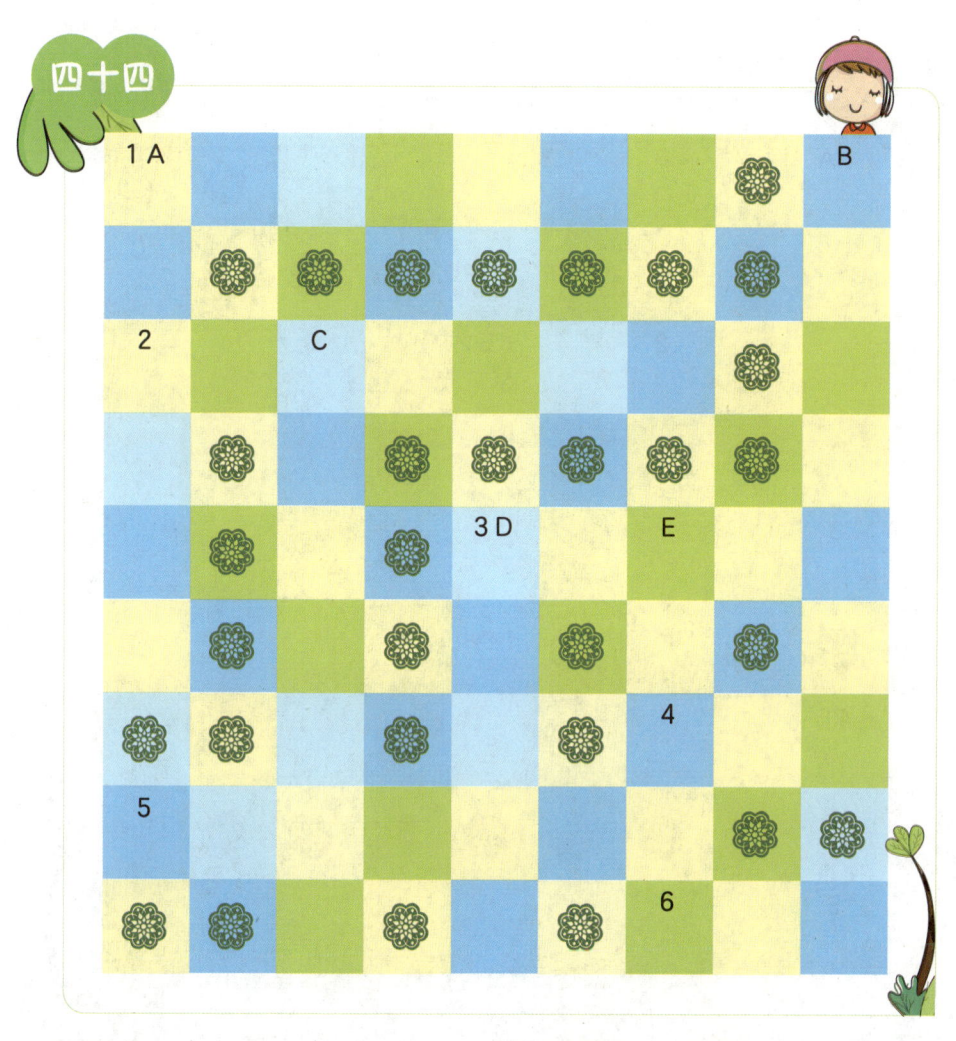

**横向题目**

1. 〔唐〕罗隐《蜂》
2. 〔现代〕毛泽东《和周世钊同志》
3. 〔宋〕苏轼《水调歌头（明月几时有）》
4. 〔宋〕陈允平《风流子（残梦绕林塘）》
5. 〔唐〕王翰《凉州词二首·其一》
6. 〔清〕曹雪芹《终身误》

**纵向题目**

A. 〔现代〕毛泽东《水调歌头·游泳》
B. 〔唐〕杜甫《狂夫》
C. 〔唐〕白居易《钱塘湖春行》
D. 〔南北朝〕鲍照《玩月城西门廨中》
E. 〔唐〕苏颋《夜闻故梓州韦使君明当引绋感而成章》

## 四十五

**横向题目**

1. 〔宋〕叶绍翁《游园不值》
2. 〔唐〕贺知章《咏柳》
3. 〔宋〕李漳《鹊桥仙·七夕》
4. 〔唐〕李白《行路难三首·其一》
5. 〔唐〕崔护《题都城南庄》
6. 〔明〕商景兰《捣练子·秋思》

**纵向题目**

A. 〔宋〕郑思肖
　　《德祐二年岁旦二首·其一》
B. 〔现代〕毛泽东《七律·长征》
C. 〔唐〕白居易《忆江南三首·其一》
D. 〔唐〕孟郊《游子吟》
E. 〔唐〕杜甫《旅夜书怀》
F. 〔南唐〕冯延巳《酒泉子（芳草长川）》

## 四十六

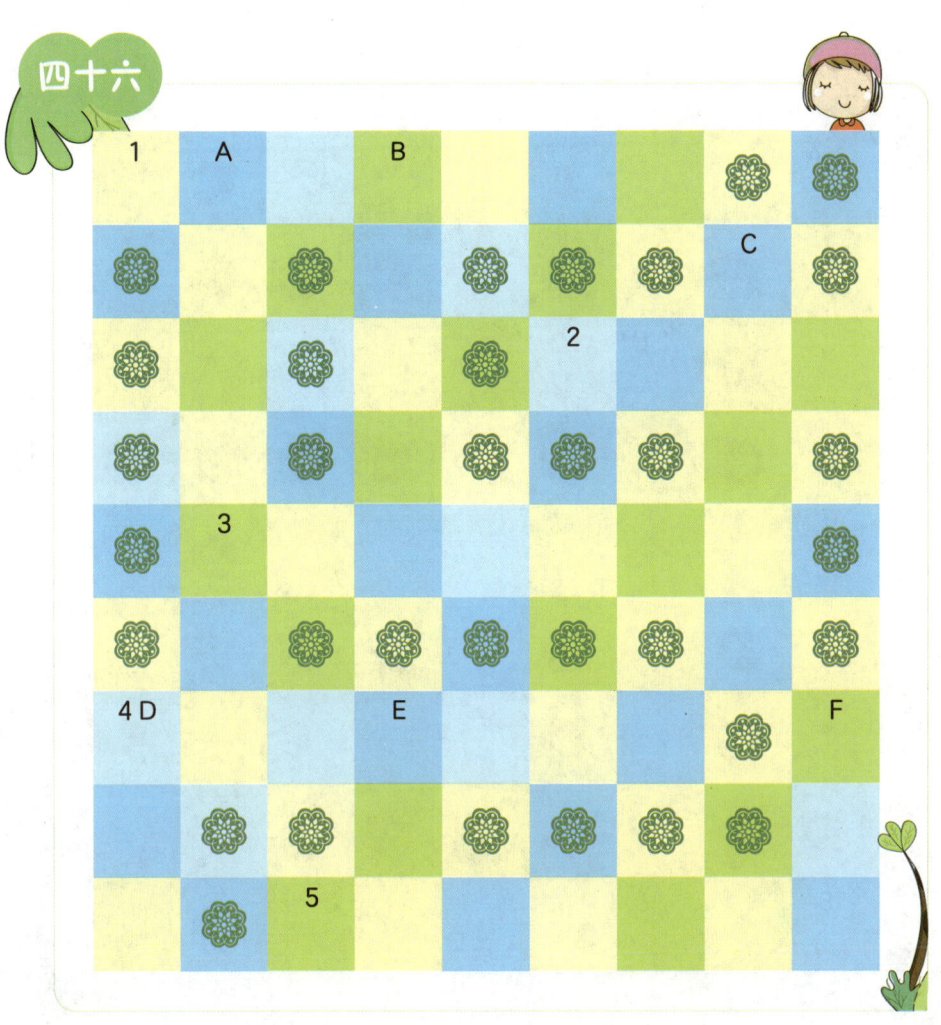

### 横向题目

1. 〔唐〕罗隐《蜂》
2. 《诗经·召南·小星》
3. 〔宋〕刘克庄《熊主簿示梅花十绝诗至梅花已过因观海棠聊次其韵》
4. 〔唐〕王维《少年行四首·其二》
5. 〔宋〕辛弃疾《青玉案·元夕》

### 纵向题目

A. 〔唐〕卢照邻《长安古意》
B. 〔唐〕刘长卿《早春》
C. 〔现代〕毛泽东《卜算子·咏梅》
D. 〔宋〕周邦彦《夜飞鹊·道宫别情》
E. 〔宋〕李清照
　　《渔家傲（天接云涛连晓雾）》
F. 〔唐〕白居易《花非花》

## 四十七

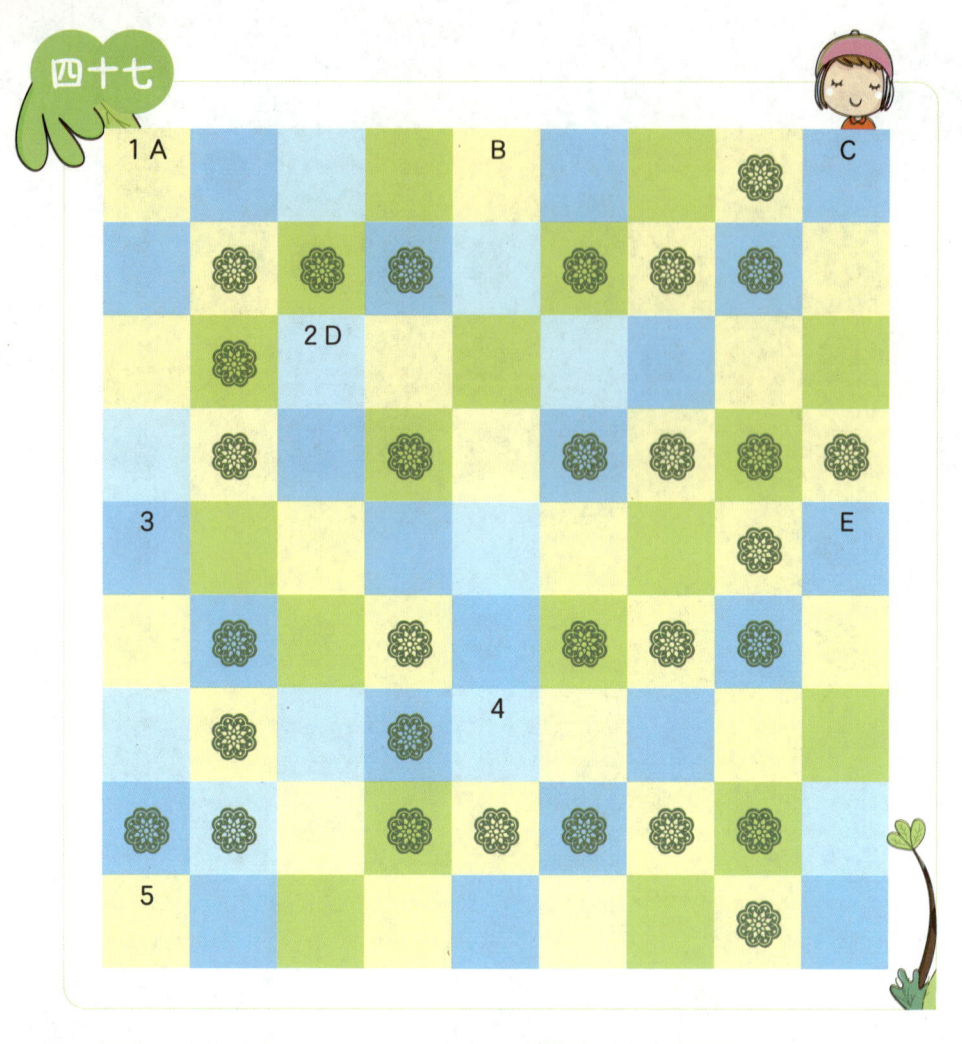

### 横向题目

1. 〔唐〕罗隐《蜂》
2. 〔宋〕李清照
   《渔家傲（天接云涛连晓雾）》
3. 〔宋〕苏轼《蝶恋花·春景》
4. 〔宋〕晏几道
   《菩萨蛮（香莲烛下匀丹雪）》
5. 〔唐〕高适《送李少府时在客舍作》

### 纵向题目

A. 〔现代〕毛泽东《七律·到韶山》
B. 〔唐〕李商隐《为有》
C. 〔唐〕白居易《花非花》
D. 〔宋〕王之道《晚晴·其一》
E. 〔宋〕朱敦儒《木兰花慢（折芙蓉弄水）》

## 四十八

### 横向题目

1. 〔宋〕王安石
   《书湖阴先生壁二首·其一》
2. 〔唐〕王维《使至塞上》
3. 〔明〕于谦《北风吹》
4. 〔唐〕卢纶
   《和张仆射塞下曲六首·其三》
5. 〔唐〕刘禹锡《福先寺雪中酬别乐天》

### 纵向题目

A. 〔现代〕毛泽东《忆秦娥·娄山关》
B. 〔南北朝〕刘孝绰《咏风诗》
C. 〔唐〕岑参《白雪歌送武判官归京》
D. 〔南唐〕冯延巳
   《应天长（石城山下桃花绽）》
E. 〔唐〕白居易《秋思》
F. 《诗经·小雅·十月之交》

## 四十九

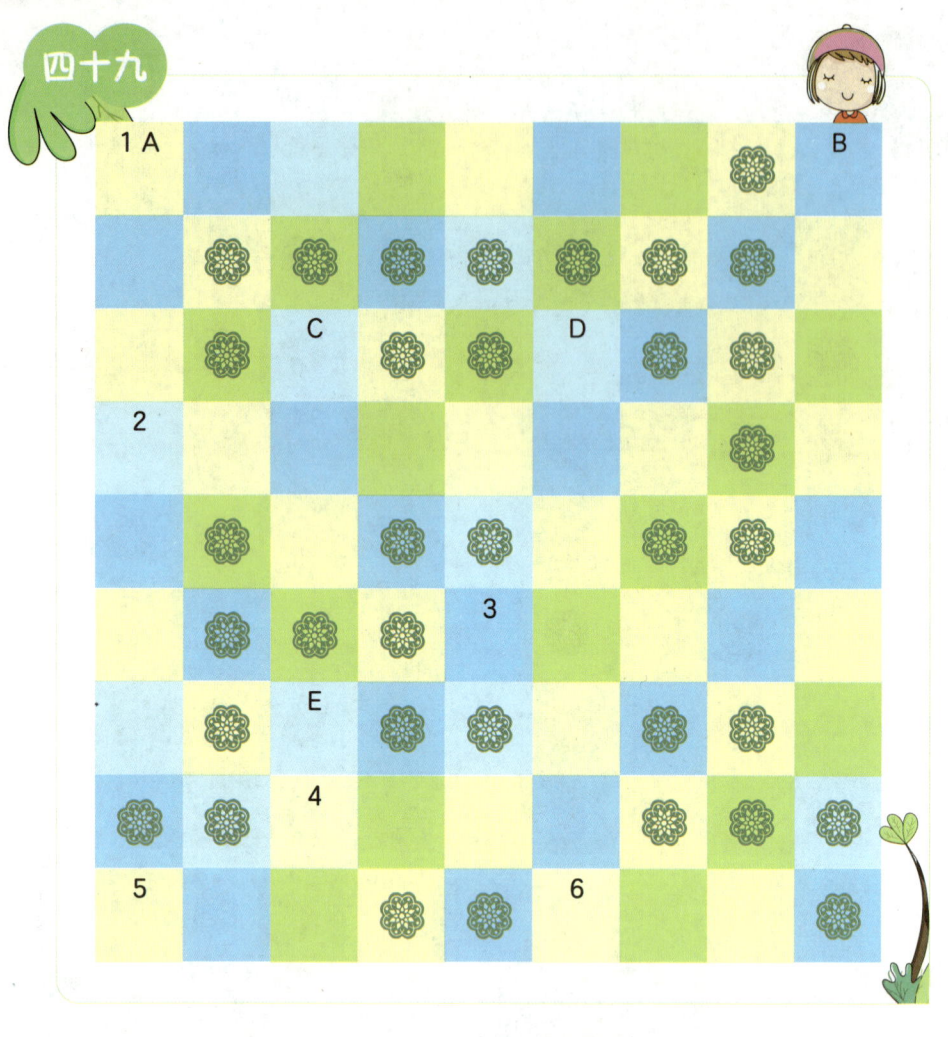

### 横向题目

1. 〔宋〕王安石《书湖阴先生壁二首·其一》
2. 〔宋〕陆游《卜算子·咏梅》
3. 〔唐〕孟郊《烈女操》
4. 《诗经·鄘风·柏舟》
5. 《诗经·召南·江有汜》
6. 〔现代〕毛泽东《满江红·和郭沫若同志》

### 纵向题目

A. 〔宋〕李清照《一剪梅（红藕香残玉簟秋）》
B. 〔唐〕高适《燕歌行》
C. 〔宋〕史达祖《阮郎归·月下感事》
D. 〔唐〕刘禹锡《有所嗟二首·其二》
E. 《诗经·邶风·式微》

## 五十

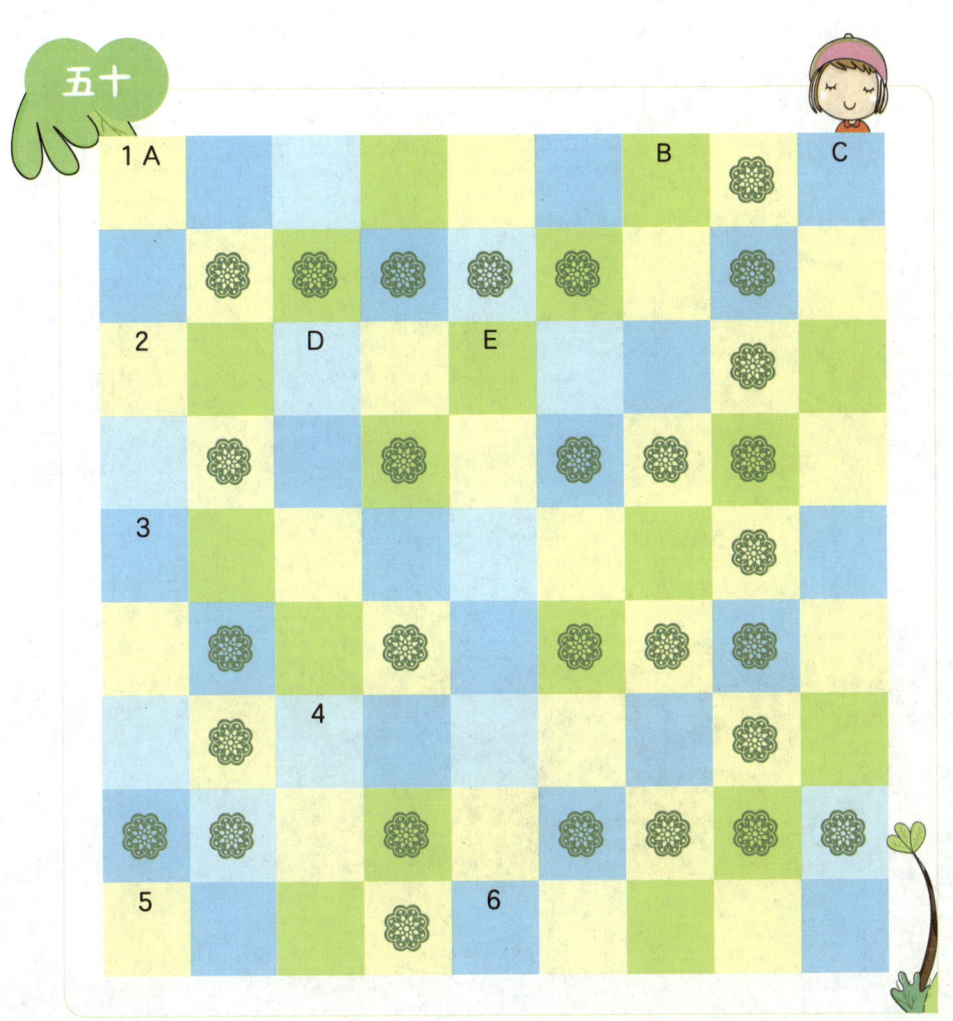

**横向题目**

1. 〔唐〕李白《黄鹤楼闻笛》
2. 〔清〕王士禛《题秋江独钓图》
3. 〔南北朝〕卢思道《听鸣蝉篇》
4. 〔宋〕余靖《子规》
5. 〔南唐〕李煜《渔父二首·其一》
6. 〔唐〕刘长卿《喜晴》

**纵向题目**

A. 〔现代〕毛泽东《采桑子·重阳》
B. 〔宋〕周邦彦《长相思·沙棠舟》
C. 〔清〕王士禛《题秋江独钓图》
D. 〔清〕王士禛《题秋江独钓图》
E. 〔清〕王士禛《题秋江独钓图》

竞赛级

# 一

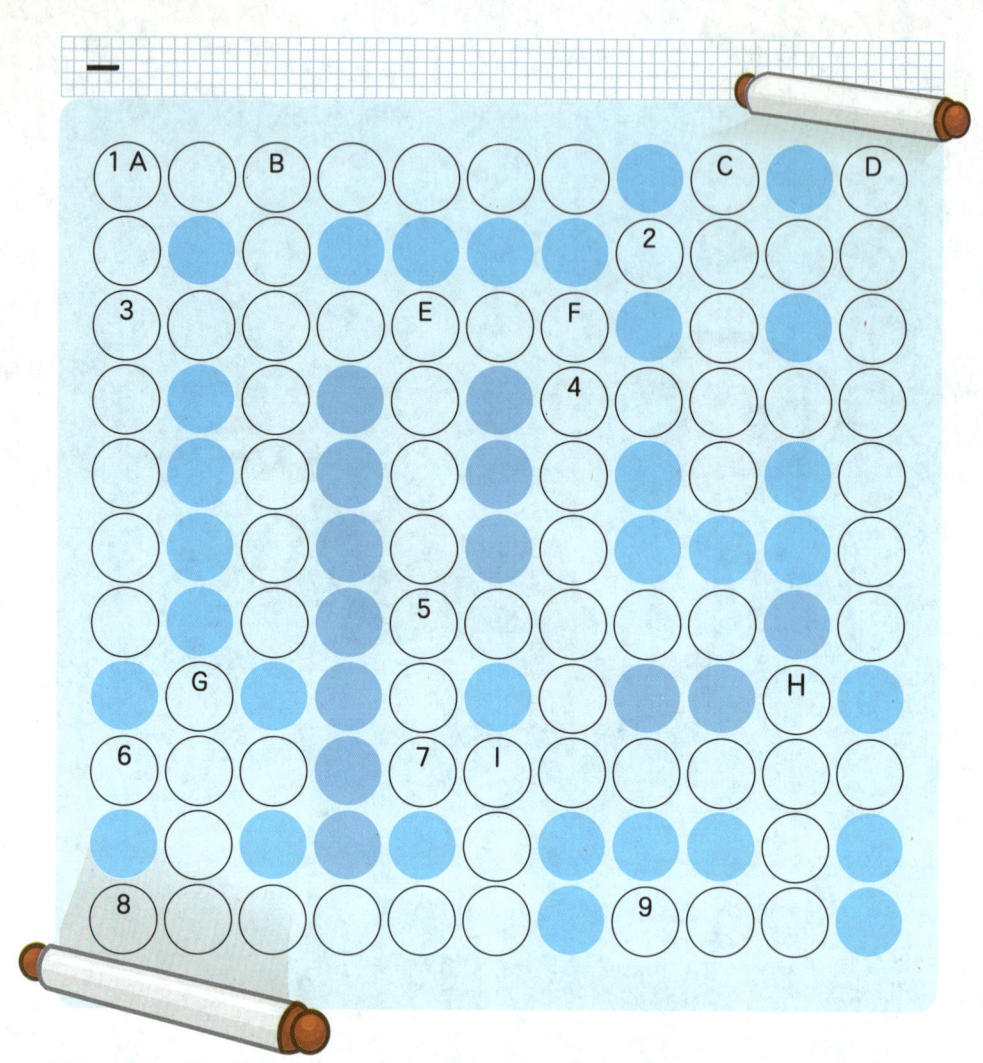

## 横向题目

1. 〔唐〕王之涣《凉州词二首·其一》
2. 〔宋〕晁补之《诉衷情·同前》
3. 〔唐〕白居易《长恨歌》
4. 〔唐〕孙逖《同洛阳李少府观永乐公主入蕃》
5. 〔唐〕岑参《送江陵泉少府赴任，便呈卫荆州》
6. 〔唐〕欧阳炯《三字令（春欲尽）》
7. 〔唐〕何元上《所居寺院凉夜书情，呈上吕和叔温郎中》
8. 〔宋〕李清照《如梦令（昨夜雨疏风骤）》
9. 《诗经·秦风·黄鸟》

## 纵向题目

A. 〔宋〕范仲淹《渔家傲·秋思》
B. 〔唐〕戴叔伦《塞上曲二首·其二》
C. 〔唐〕韦应物《秋夜寄邱员外》
D. 〔唐〕韦庄《题许浑诗卷》
E. 〔唐〕白居易《琵琶行》
F. 〔唐〕刘希夷《代悲白头翁》
G. 《诗经·召南·行露》
H. 《诗经·曹风·蜉蝣》
I. 〔宋〕冯时行《渔家傲·冬至》

竞赛级

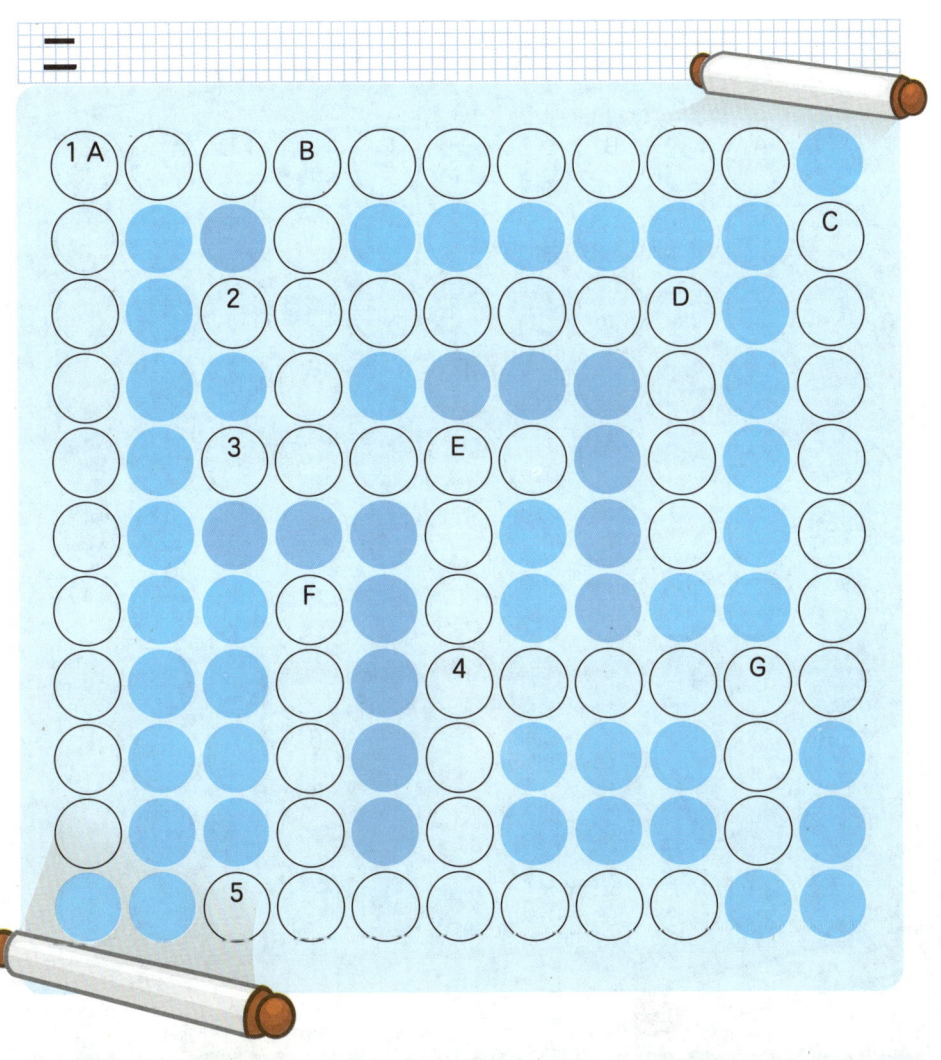

二

**横向题目**

1. 〔唐〕李白《将进酒》
2. 〔宋〕杨万里《宿新市徐公店》
3. 〔唐〕杜甫《八阵图》
4. 〔宋〕辛弃疾
   《破阵子·为陈同甫赋壮词以寄之》
5. 〔唐〕李白《望天门山》

**纵向题目**

A. 〔唐〕李白《将进酒》
B. 〔唐〕王之涣《登鹳雀楼》
C. 〔宋〕杨万里
   《下横山滩头望金华山四首·其三》
D. 〔宋〕李清照《声声慢（寻寻觅觅）》
E. 〔唐〕王昌龄《出塞》
F. 〔唐〕杜甫《旅夜书怀》
G. 〔宋〕朱敦儒《杏花天（听蝉剪叶迎秋燕）》

131

趣玩 诗词 步步为营：诗词填字

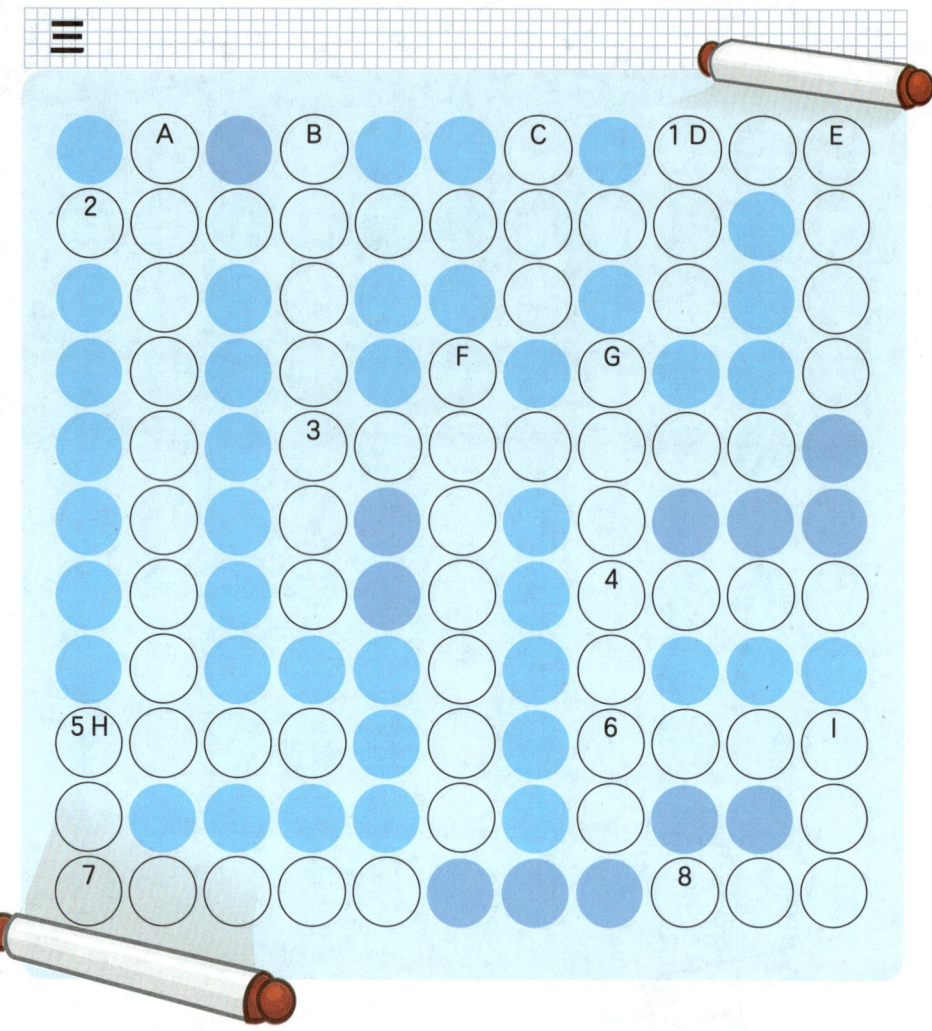

### 横向题目

1. 〔宋〕吕胜己《满江红·题博见楼》
2. 〔唐〕李白《蜀道难》
3. 〔唐〕李白《上皇西巡南京歌十首·其二》
4. 《诗经·邶风·谷风》
5. 《诗经·小雅·十月之交》
6. 〔宋〕吕胜己《瑞鹤仙（残梅飘簌簌）》
7. 〔唐〕司空曙《贼平后送人北归》
8. 〔金〕元好问《摸鱼儿·雁丘词》

### 纵向题目

A. 〔唐〕李白《蜀道难》
B. 〔现代〕毛泽东《七律·读〈封建论〉呈郭老》
C. 《诗经·王风·扬之水》
D. 〔宋〕贺铸《水调歌头（彼美呈姝唱）》
E. 《诗经·小雅·信南山》
F. 〔明〕唐寅《桃花庵歌》
G. 〔唐〕李白《宣州谢朓楼饯别校书叔云》
H. 〔唐〕温庭筠《南歌子（倭堕低梳髻）》
I. 〔唐〕李珣《渔歌子·楚山青》

132

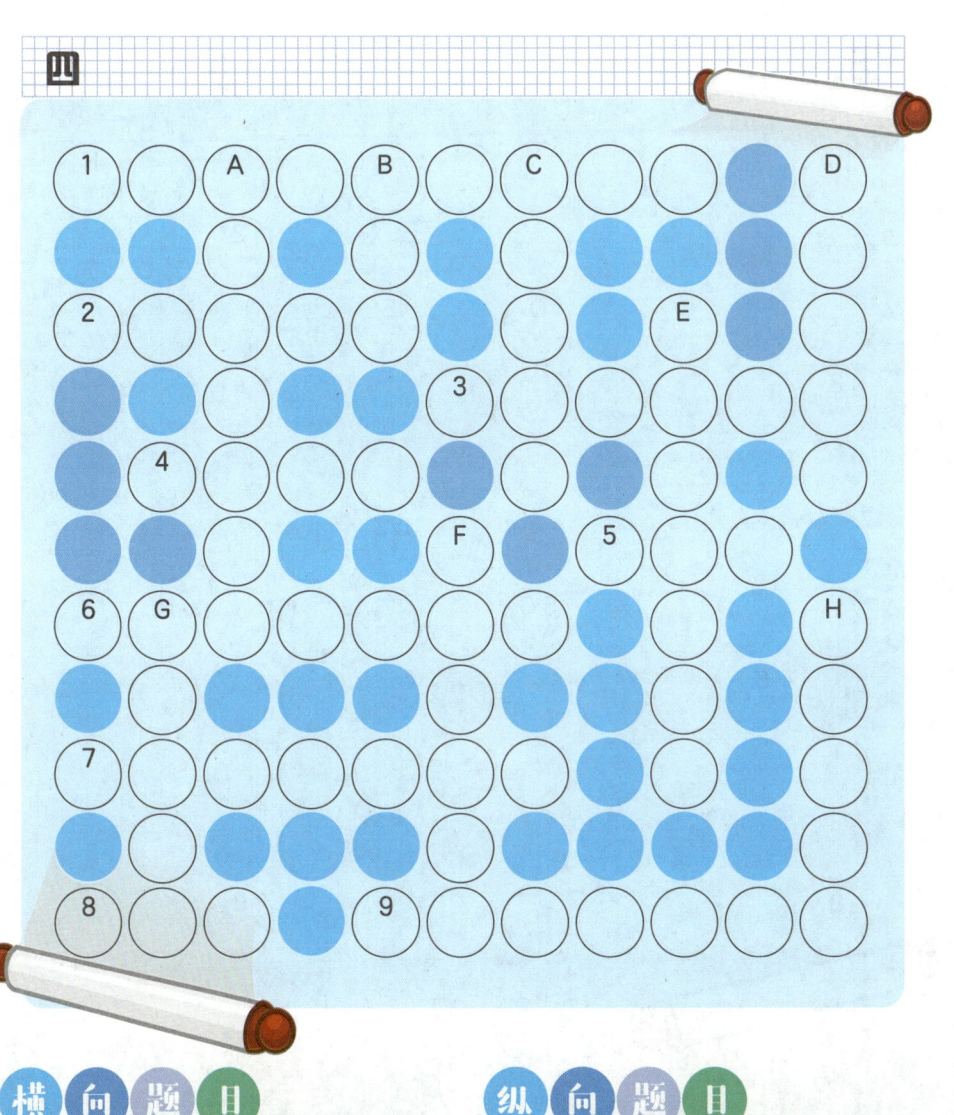

竞赛级

四

**横向题目**

1. 〔唐〕李白《蜀道难》
2. 〔唐〕杜甫《春望》
3. 〔唐〕李白《答王十二寒夜独酌有怀》
4. 〔现代〕毛泽东《浪淘沙·北戴河》
5. 〔元〕王实甫《长亭送别》
6. 〔唐〕李白《蜀道难》
7. 〔唐〕杜甫《咏怀古迹五首·其三》
8. 〔元〕白朴《满江红（行过江南）》
9. 〔宋〕杨万里《小雨》

**纵向题目**

A. 〔唐〕李白《梦游天姥吟留别》
B. 〔宋〕史达祖
    《贺新郎·湖上高宾王、赵子野同赋》
C. 〔唐〕王维《赠裴迪》
D. 〔唐〕李白《梦游天姥吟留别》
E. 〔宋〕黄庭坚《寄黄几复》
F. 〔宋〕辛弃疾《摸鱼儿（更能消几番风雨）》
G. 〔唐〕祖咏《清明宴司勋刘郎中别业》
H. 〔唐〕杜甫《春日江村五首·其一》

# 五

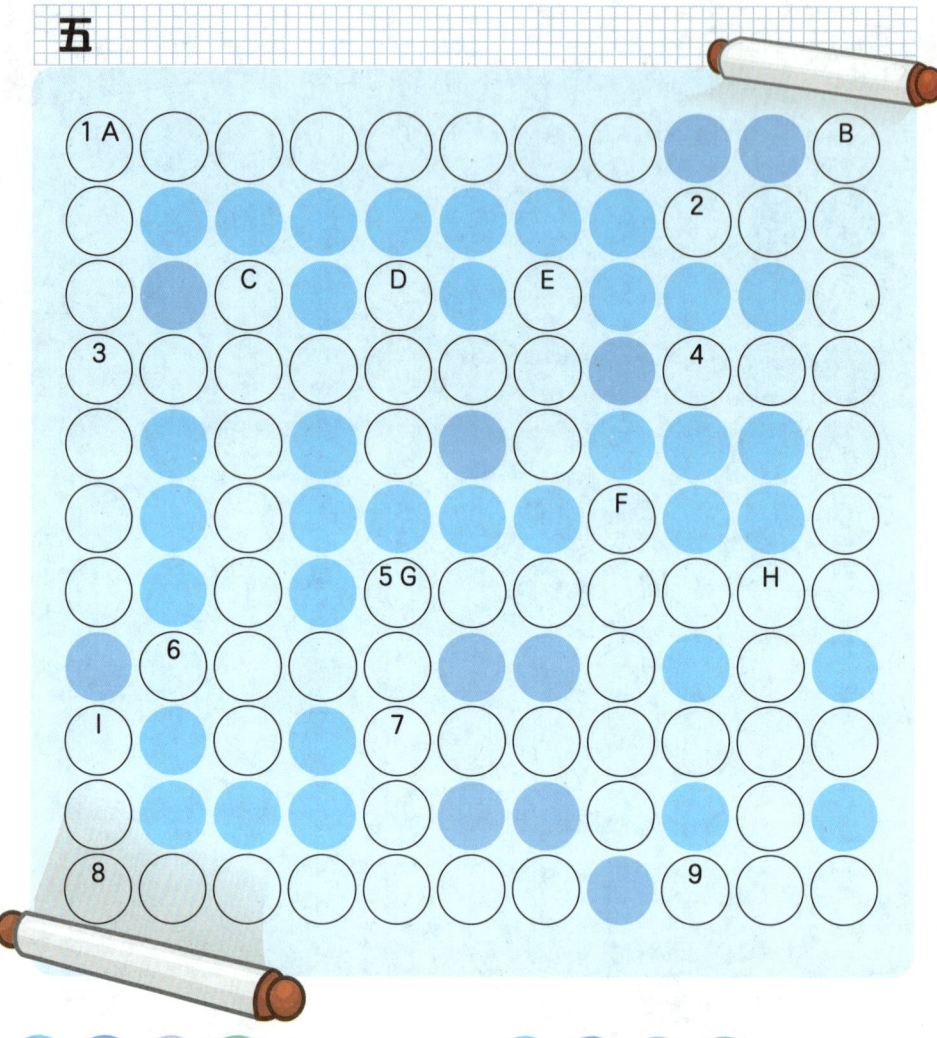

## 横向题目

1. 〔唐〕李白《蜀道难》
2. 〔唐〕李白《长相思三首·其一》
3. 〔唐〕李白《北风行》
4. 〔唐〕王维《赠裴迪》
5. 〔宋〕李清照《题八咏楼》
6. 〔现代〕毛泽东《沁园春·长沙》
7. 〔唐〕李商隐《宿骆氏亭寄怀崔雍崔衮》
8. 〔唐〕吴商浩《密上即事》
9. 〔现代〕毛泽东《满江红·和郭沫若同志》

## 纵向题目

A. 〔唐〕李白《与史郎中钦听黄鹤楼上吹笛》
B. 〔唐〕李白《登金陵凤凰台》
C. 〔唐〕白居易《简简吟》
D. 〔宋〕向子諲《水调歌头（公幕府间）》
E. 〔宋〕葛胜仲《慕山溪（春风野外）》
F. 〔宋〕周紫芝《雨过》
G. 〔唐〕孟浩然《与诸子登岘山》
H. 〔宋〕周紫芝《奉苍相之再示雨诗·其二》
I. 〔南唐〕李煜《渔父二首·其一》

六

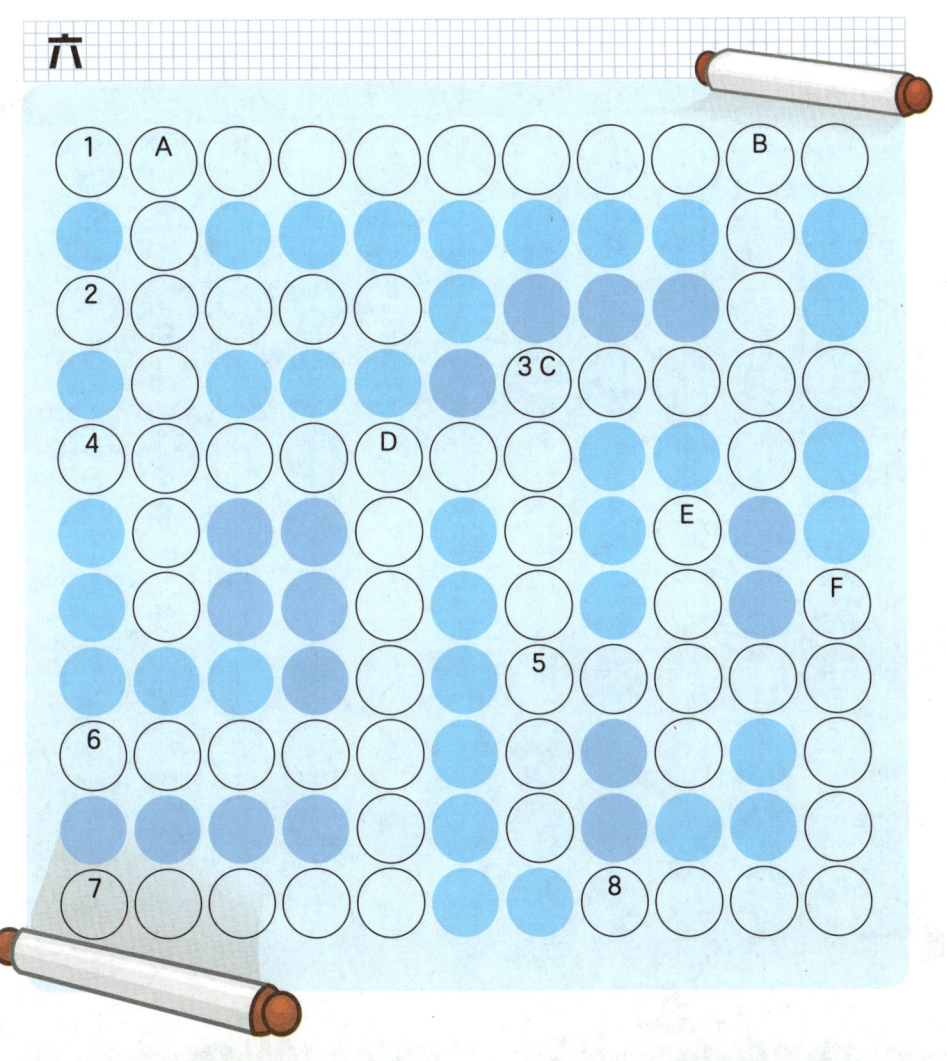

**横向题目**

1. 〔唐〕李白《蜀道难》
2. 〔汉乐府〕《孔雀东南飞》
3. 〔唐〕李隆基《春中兴庆宫酺宴》
4. 〔汉〕蔡文姬《胡笳十八拍》
5. 〔唐〕李白《春思》
6. 〔唐〕李世民《三层阁上置音声》
7. 〔唐〕李白《子夜吴歌·春歌》
8. 〔宋〕李清照《凤凰台上忆吹箫（香冷金猊）》

**纵向题目**

A. 〔唐〕李白《蜀道难》
B. 〔唐〕许棠《题青山馆》
C. 〔唐〕白居易《琵琶行》
D. 〔唐〕李白《桂殿秋》
E. 《诗经·周南·卷耳》
F. 〔唐〕岑参《奉陪封大夫九日登高》

## 七

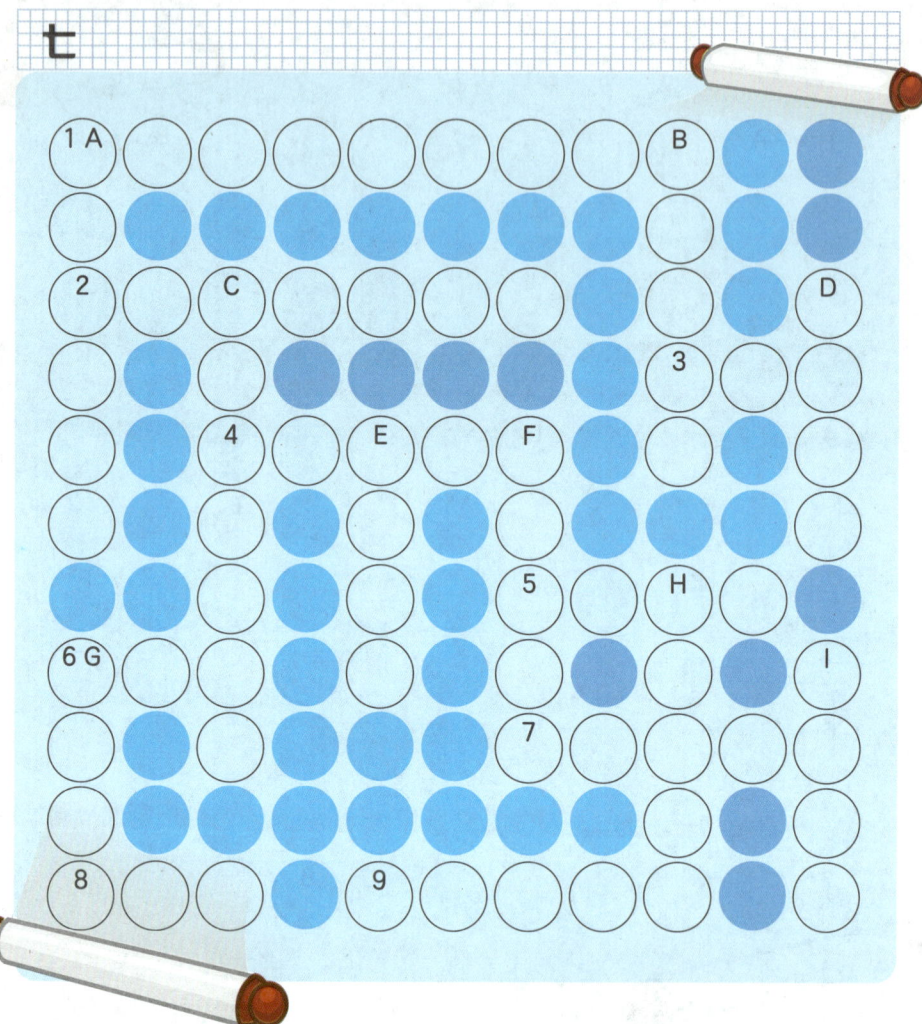

### 横向题目

1. 〔唐〕李白《梦游天姥吟留别》
2. 〔唐〕李白《梦游天姥吟留别》
3. 〔宋〕辛弃疾《摸鱼儿（更能消几番风雨）》
4. 〔唐〕白居易《赋得古原草送别》
5. 〔现代〕毛泽东《沁园春·长沙》
6. 〔现代〕毛泽东《沁园春·雪》
7. 〔唐〕李世民《赋萧瑀》
8. 《诗经·邶风·北门》
9. 〔唐〕张九龄《送韦城李少府》

### 纵向题目

A. 〔唐〕李白《梦游天姥吟留别》
B. 〔唐〕王维《送别》
C. 〔清〕龚自珍
   《己亥杂诗三百一十五首·其五》
D. 〔现代〕毛泽东《沁园春·雪》
E. 〔现代〕毛泽东《沁园春·雪》
F. 〔唐〕王维《观猎》
G. 〔宋〕刘克庄《水龙吟·丙辰生日》
H. 〔唐〕王绩《在边三首·其二》
I. 〔汉〕曹操《观沧海》

八

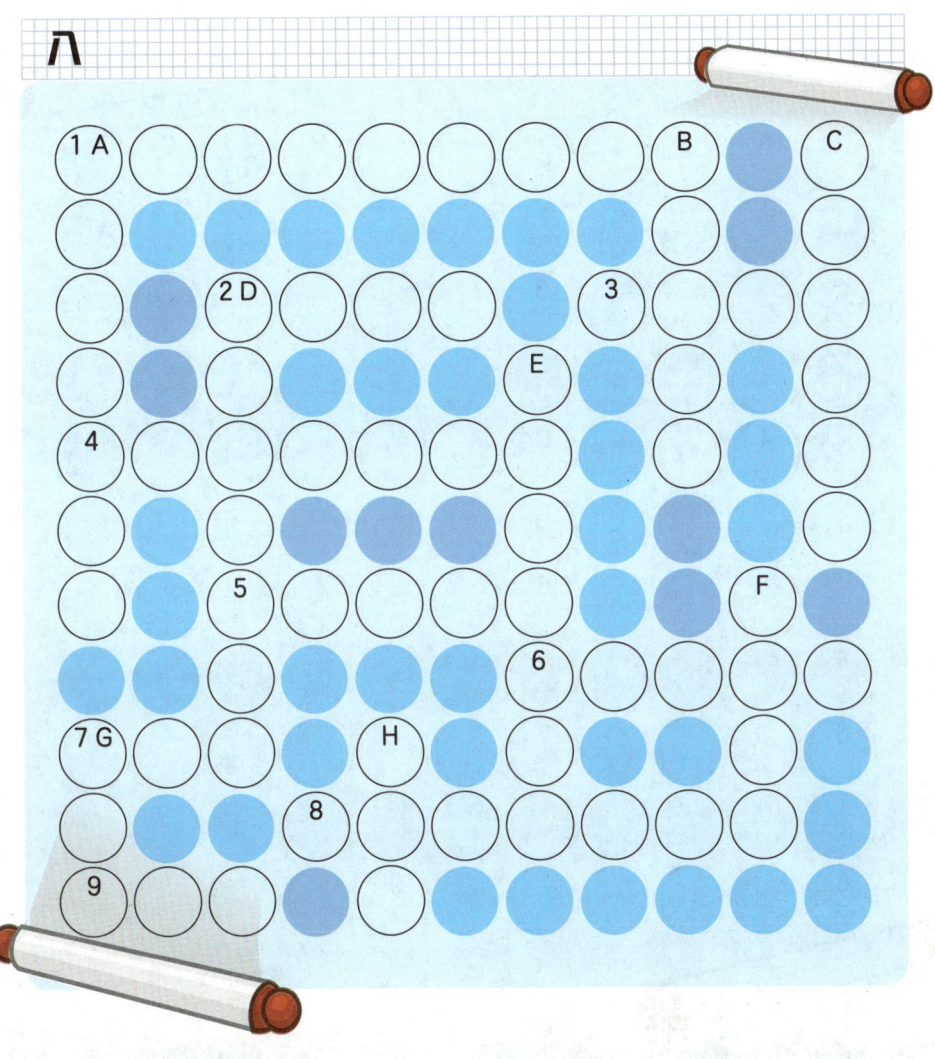

### 横向题目

1. 〔唐〕李白《梦游天姥吟留别》
2. 〔现代〕毛泽东《沁园春·雪》
3. 《诗经·小雅·节南山》
4. 〔唐〕李白《梦游天姥吟留别》
5. 〔宋〕姚宽《春晴》
6. 〔唐〕于邺《宿江口》
7. 〔宋〕张孝祥《六州歌头（长淮望断）》
8. 〔现代〕毛泽东《七律·游学即景》
9. 〔南唐〕李煜《相见欢（无言独上西楼）》

### 纵向题目

A. 〔唐〕杜甫《茅屋为秋风所破歌》
B. 〔唐〕孟浩然《岘山饯房琯、崔宗之》
C. 〔南北朝〕庾信《怨歌行》
D. 〔清〕郑板桥《竹石》
E. 〔清〕郑板桥《竹石》
F. 〔现代〕毛泽东《念奴娇·井冈山》
G. 〔现代〕毛泽东《忆秦娥·娄山关》
H. 〔宋〕姜夔《蓦山溪（青青官柳）》

## 九

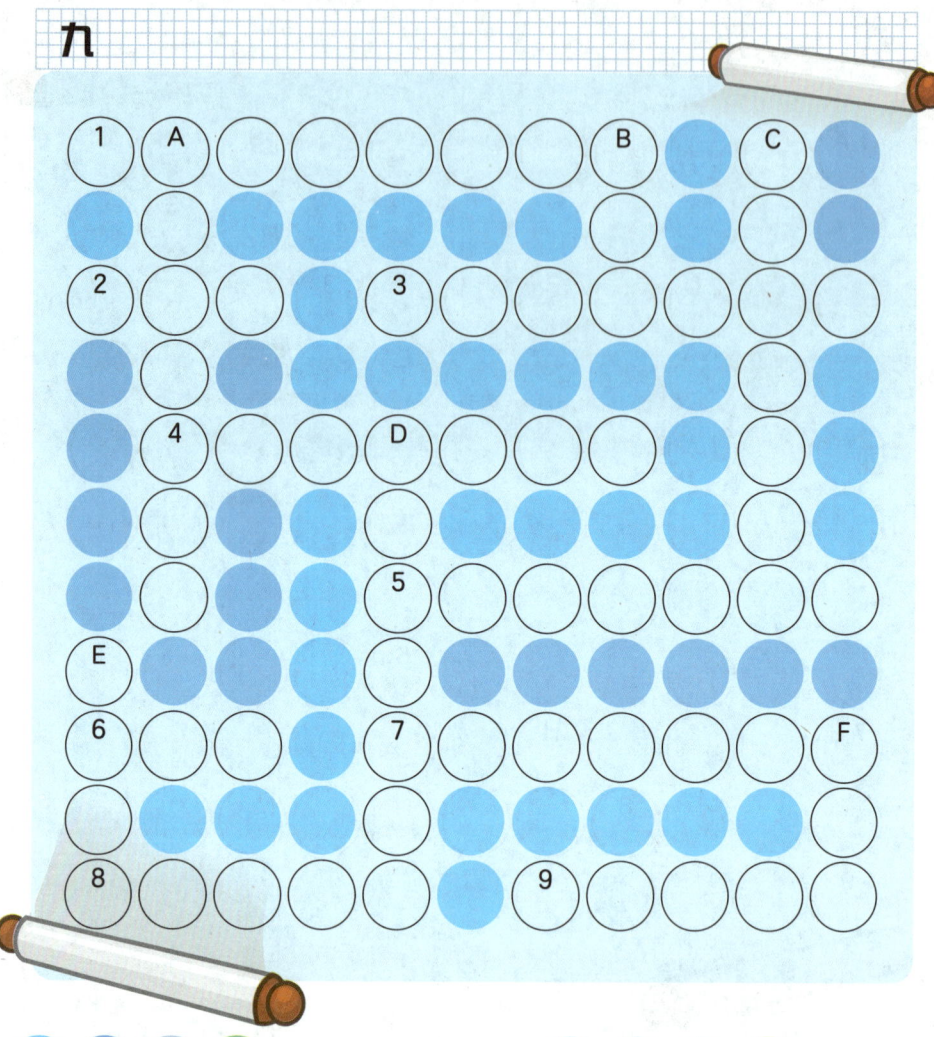

### 横向题目

1. 〔唐〕李白《北风行》
2. 〔宋〕周紫芝《鹧鸪天·七夕》
3. 〔唐〕李白《把酒问月·故人贾淳令予问之》
4. 〔唐〕李白《把酒问月·故人贾淳令予问之》
5. 〔唐〕李白《行路难三首·其一》
6. 〔现代〕毛泽东《杂言诗·八连颂》
7. 〔唐〕李白《行路难三首·其一》
8. 〔唐〕张祜《何满子（故国三千里）》
9. 〔唐〕白居易《客中守岁》

### 纵向题目

A. 〔唐〕李白
 《把酒问月·故人贾淳令予问之》
B. 〔清〕龚自珍
 《水调歌头（落日万鞍下）》
C. 〔唐〕杜牧《清明》
D. 〔唐〕李白
 《把酒问月·故人贾淳令予问之》
E. 〔汉〕曹操《短歌行》
F. 〔现代〕毛泽东《念奴娇·井冈山》

## 横向题目

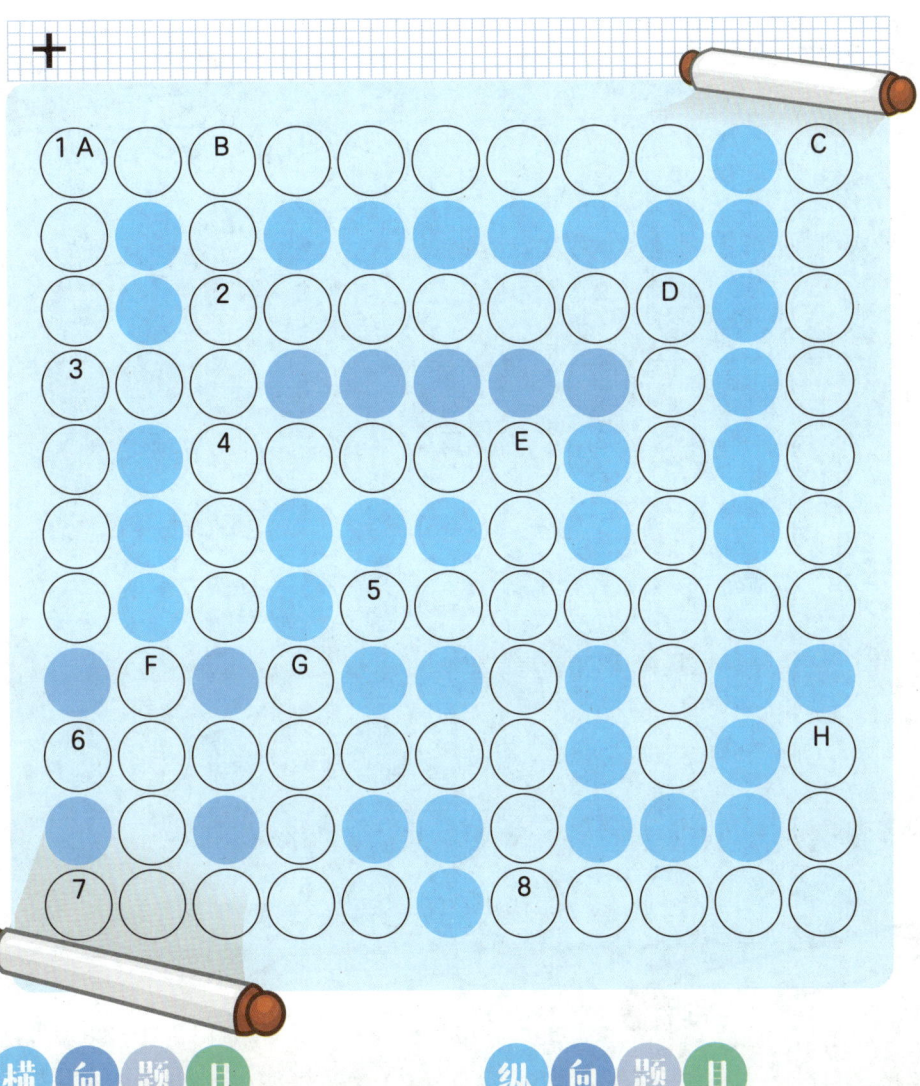

1. 〔唐〕李白《北风行》
2. 〔宋〕苏轼《六月二十七日望湖楼醉书五首·其一》
3. 〔宋〕王奕《西河·和周美成金陵怀古》
4. 〔唐〕李白《送友人》
5. 〔明〕张以宁《次韵士良子毅登雷破岩刘大王庙唱酬》
6. 〔宋〕陆海《泊公安县》
7. 〔现代〕毛泽东《虞美人·枕上》
8. 〔唐〕刘长卿《碧涧别墅喜皇甫侍御相访》

## 纵向题目

A. 〔唐〕李白《黄鹤楼送孟浩然之广陵》
B. 〔唐〕岑参《白雪歌送武判官归京》
C. 〔唐〕岑参《碛中作》
D. 〔唐〕岑参《白雪歌送武判官归京》
E. 〔唐〕柳宗元《登柳州城楼寄漳汀封连四州》
F. 〔元〕马熙《摸鱼儿（买陂塘旋栽杨柳）》
G. 〔现代〕毛泽东《四言诗·春草碧色》
H. 〔宋〕周邦彦《浪淘沙慢（万叶战）》

## 十一

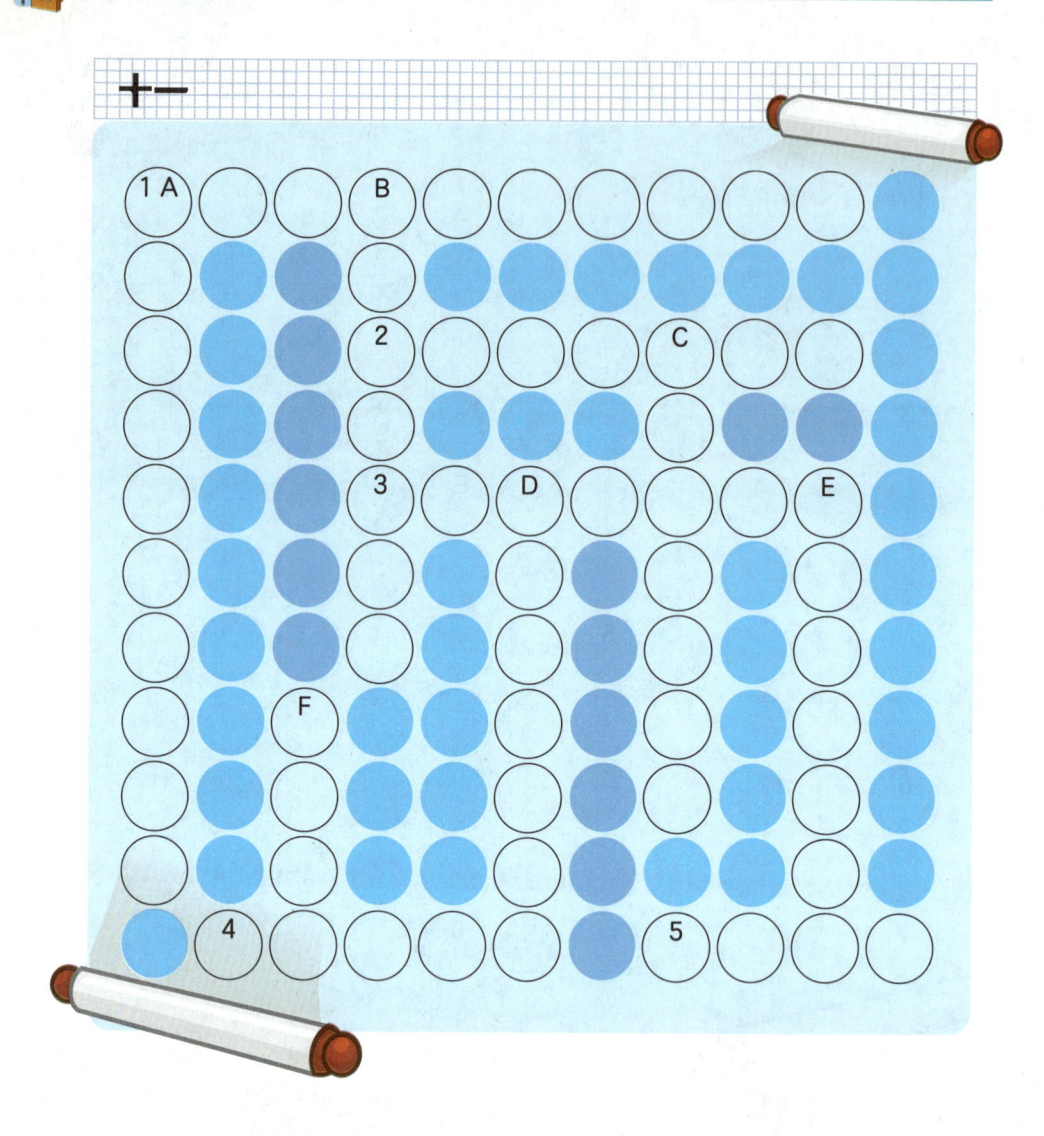

### 横向题目

1. 〔唐〕李白《行路难三首·其二》
2. 〔现代〕毛泽东《卜算子·咏梅》
3. 〔唐〕崔颢《黄鹤楼》
4. 〔唐〕王湾《次北固山下》
5. 《诗经·齐风·鸡鸣》

### 纵向题目

A. 〔唐〕李白《行路难三首·其三》
B. 〔唐〕崔颢《黄鹤楼》
C. 〔唐〕杜牧《怀紫阁山》
D. 〔现代〕毛泽东《七律·登庐山》
E. 〔唐〕白居易《南湖早春》
F. 《诗经·邶风·匏有苦叶》

十二

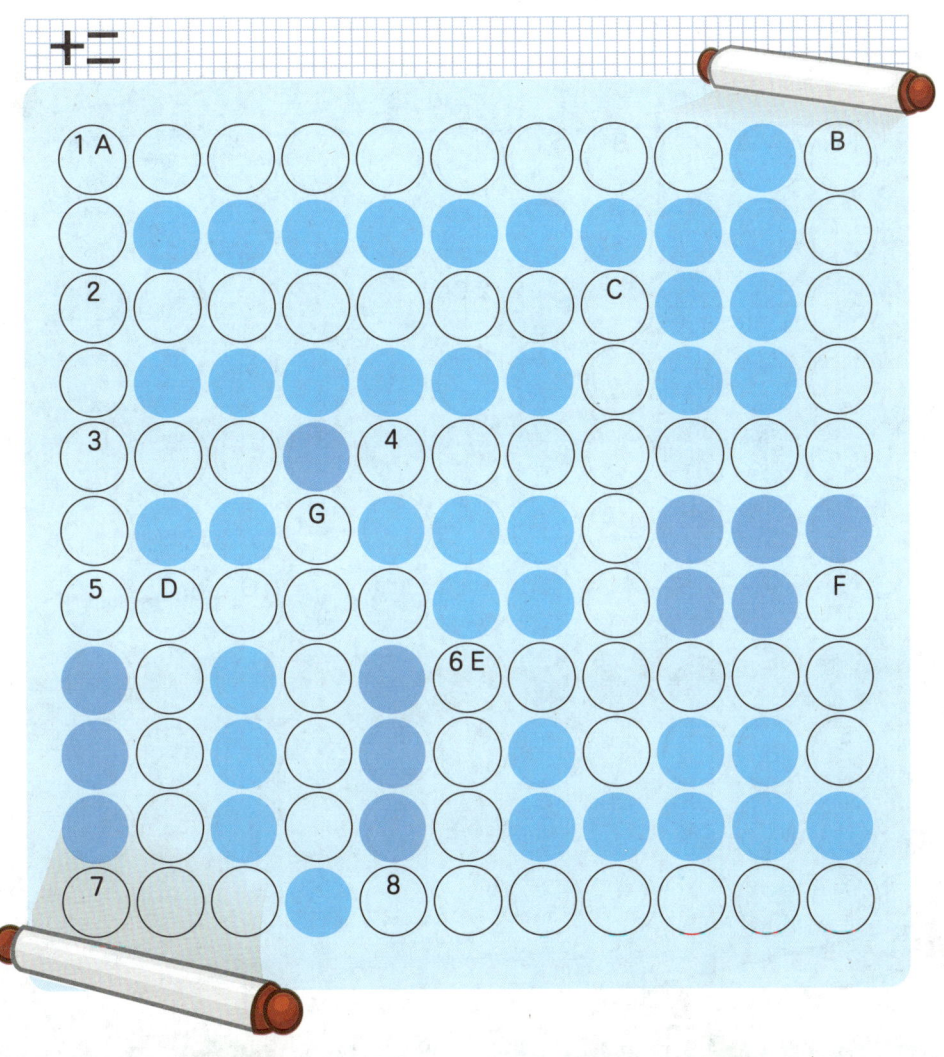

**横向题目**

1. 〔唐〕杜甫《茅屋为秋风所破歌》
2. 〔现代〕毛泽东《贺新郎·读史》
3. 〔现代〕毛泽东《贺新郎·读史》
4. 〔唐〕王之涣《凉州词三首·其一》
5. 〔唐〕常建《题破山寺后禅院》
6. 〔宋〕辛弃疾《西江月·夜行黄沙道中》
7. 〔宋〕贺铸《六州歌头（少年侠气）》
8. 〔秦〕项羽《垓下歌》

**纵向题目**

A. 〔唐〕刘禹锡《竹枝词九首·其一》
B. 〔晋〕陶渊明《归园田居五首·其一》
C. 〔唐〕李颀《琴歌》
D. 〔唐〕孟浩然《春中喜王九相寻》
E. 《诗经·郑风·野有蔓草》
F. 〔宋〕张先《定西番（焊拨紫槽金衬）》
G. 〔唐〕王勃《别人四首·其二》

## 十三

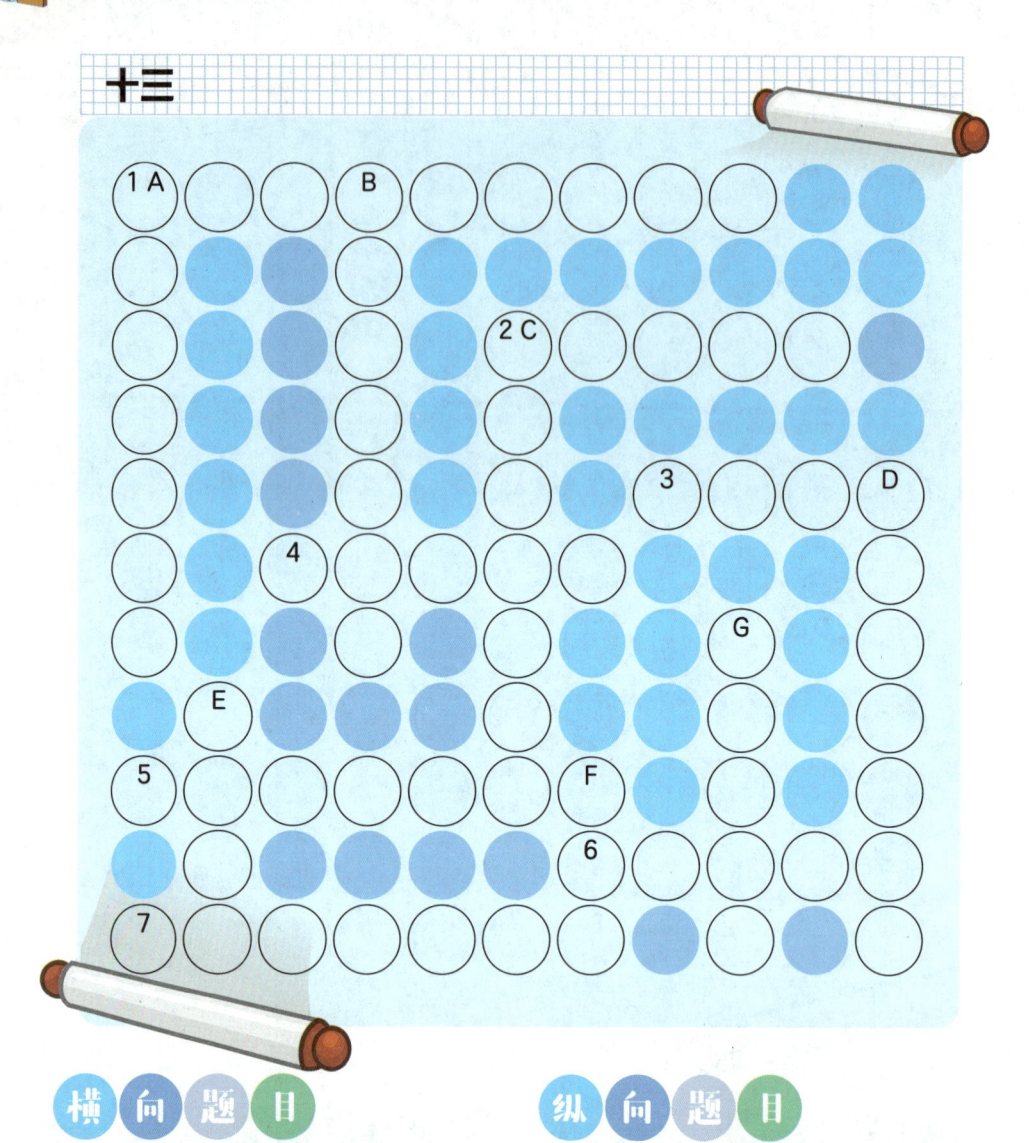

### 横向题目

1. 〔唐〕杜甫《茅屋为秋风所破歌》
2. 〔唐〕孟浩然《江上寄山阴崔少府国辅》
3. 〔宋〕张先《恨春迟（欲借红梅荐饮）》
4. 〔南北朝〕谢灵运《登池上楼》
5. 〔唐〕刘禹锡《酬元九侍御赠壁州鞭长句》
6. 〔唐〕岑参《送扬州王司马》
7. 〔唐〕元稹《离思五首·其四》

### 纵向题目

A. 〔现代〕毛泽东《七律·冬云》
B. 〔唐〕杜甫《茅屋为秋风所破歌》
C. 〔唐〕韩愈《晚春二首·其一》
D. 〔唐〕韩愈
　　《早春呈水部张十八员外二首·其二》
E. 〔先秦〕无名氏《卿云歌》
F. 〔宋〕刘辰翁《恋绣衾（当年三五舞太平）》
G. 〔唐〕无名氏
　　《铜官窑瓷器题诗二十一首·其十四》

十四

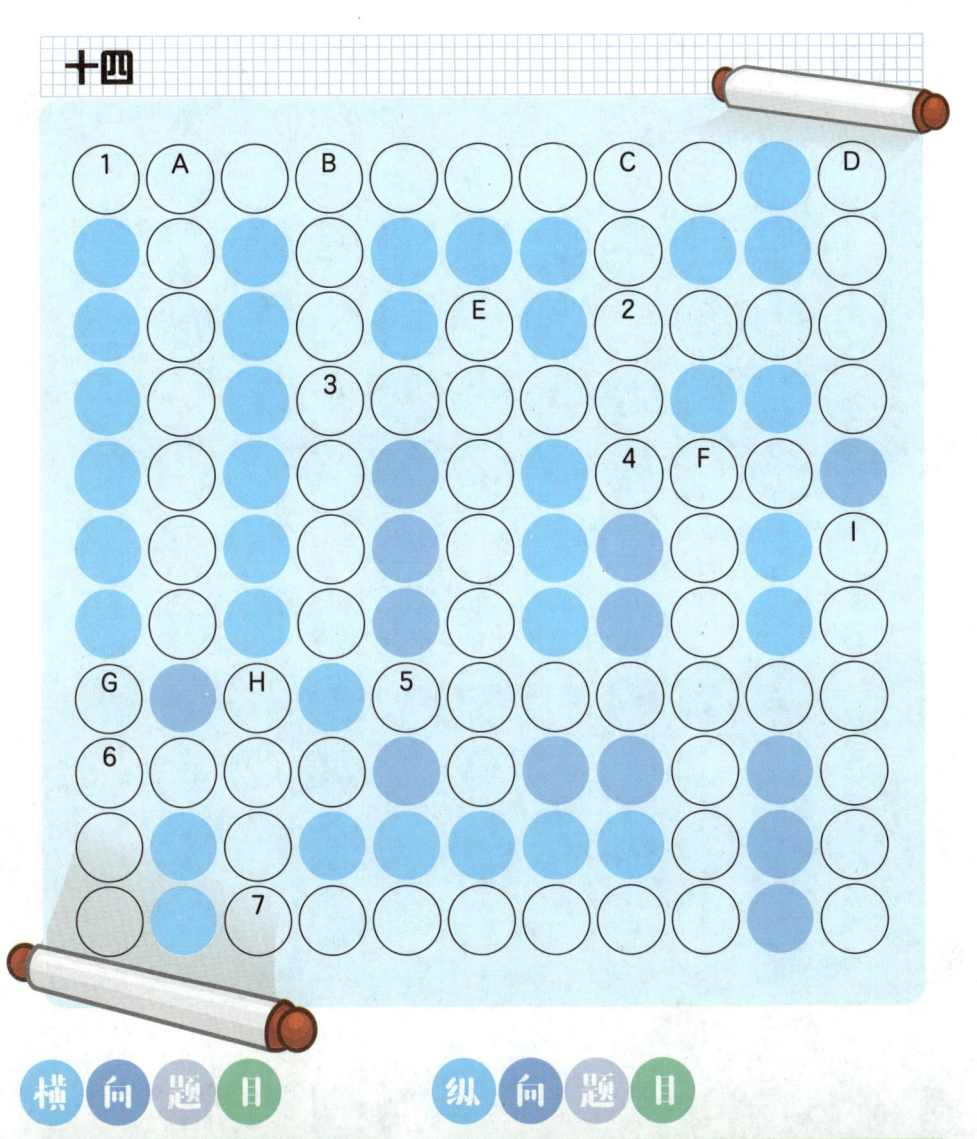

## 横向题目

1. 〔唐〕杜甫《茅屋为秋风所破歌》
2. 〔元〕关汉卿
   《崔张十六事·喜得家书》
3. 〔宋〕秦观《好事近·梦中作》
4. 〔宋〕刘辰翁
   《江城梅花引（相思无处著春寒）》
5. 〔唐〕李益
   《赴渭北寄石泉驿南望黄堆烽》
6. 《诗经·周南·关雎》
7. 〔唐〕白居易《偶吟二首·其一》

## 纵向题目

A. 〔唐〕杜荀鹤《小松》
B. 〔现代〕毛泽东《渔家傲·反第一次大"围剿"》
C. 〔唐〕李商隐《北楼》
D. 〔宋〕葛胜仲《江城子·呈刘无言叟》
E. 〔唐〕王维《少年行四首·其二》
F. 〔宋〕陆游《溪上作二首·其一》
G. 《诗经·郑风·子衿》
H. 《诗经·郑风·子衿》
I. 〔元〕马致远《天净沙·秋思》

143

## 十五

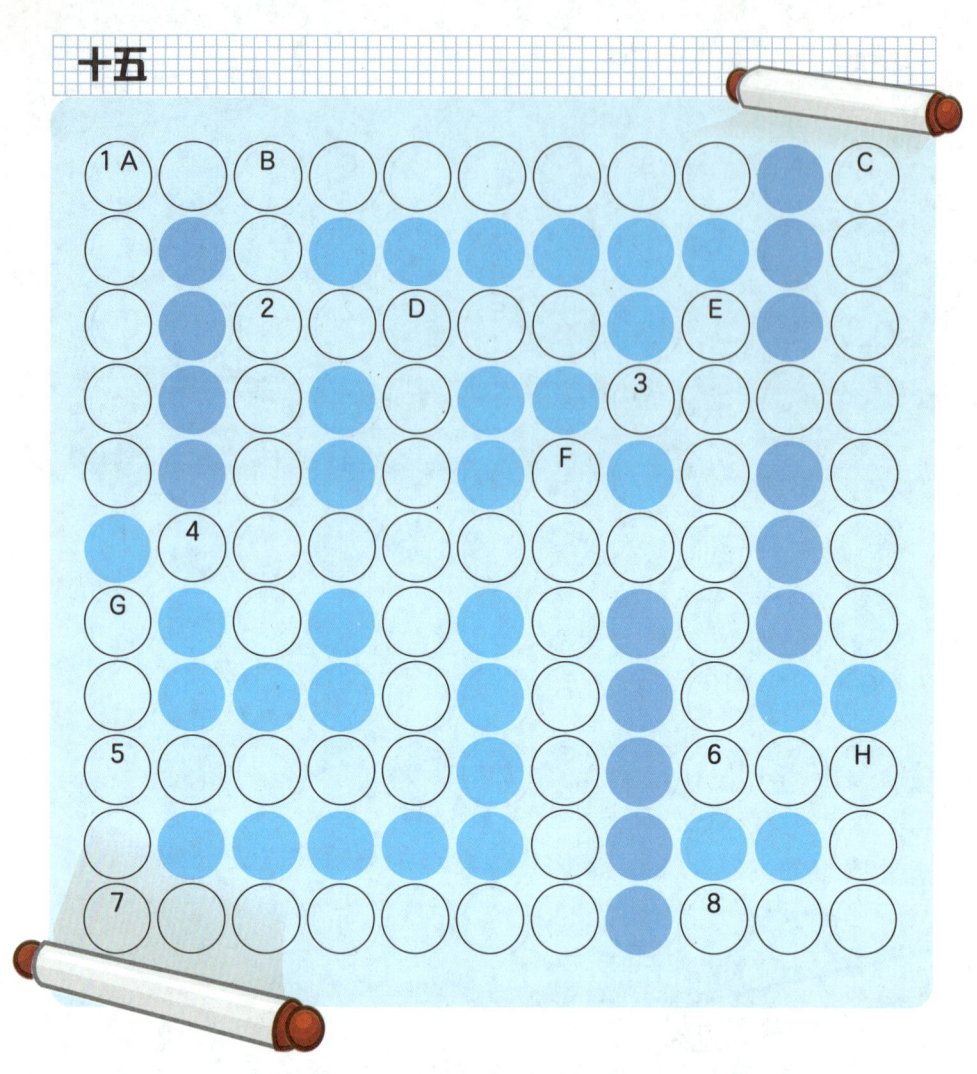

### 横向题目

1. 〔唐〕杜甫《茅屋为秋风所破歌》
2. 〔唐〕刘长卿《送灵澈上人》
3. 《诗经·大雅·柳》
4. 〔宋〕岳珂《满江红（小院深深）》
5. 〔宋〕文彦博《题中山郎中华严川墅》
6. 〔现代〕毛泽东《水调歌头·重上井冈山》
7. 〔唐〕严恽《落花》
8. 〔宋〕周紫芝《江城子（夕阳低尽柳如烟）》

### 纵向题目

A. 〔唐〕李白《赠孟浩然》
B. 〔唐〕杜甫《咏怀古迹五首·其三》
C. 〔唐〕李白《梦游天姥吟留别》
D. 〔唐〕吴融《杏花》
E. 〔宋〕僧志南《绝句》
F. 〔唐〕白居易《春风》
G. 〔唐〕张祜《闲居》
H. 〔宋〕寇准《踏莎行（寒草烟光阔）》

# 参考答案

## 热身级

### 一

1. A 一去二三里
   日暮苍山远
   苦半来天
   多落天
   B 晚来天欲雪
   C 山青花欲燃
2. 山青花欲燃
   天雪
3. 青山郭外斜

### 二

1. A 烟村四五家
   雨
   荠
   苍
   苍
   B 四面边声连角起
   C 居高声自远
2. 边秋一雁声
3. 惊起一滩鸥鹭

### 三

1. A 亭台六七座
   宫
   粉黛
   B 一条江
   练
   C 一径
   野渡无人舟自横
   花颜
2. 色
3. 静深松里

### 四

1. A 八九十枝花
   十始得
   B 天门中断楚江
   C 野旷
2. 归来见天子
   低
3. 千树万树梨花开

### 五

1. A 一道残阳铺水中
   枝
   B 庭地白树栖鸦
2. 红泥小火炉
   杏出墙来
   C 小娃撑小艇
3. 小轩窗

### 六

1. A 半江瑟瑟半江红
   入江风
   半
   入
   B 杏枝头春意闹
   C 明2月上柳梢头
   夜
3. 云深不知处

## 七

|1A| |B| | | | |
|---|---|---|---|---|---|---|
|可|怜|九|月|初|三|夜|
|爱| |月| | | | |
|深|2九|2日|登|高|望| |
|红| |日| | | |C|
|爱| |望| | |意| |
|浅| |3乡|泪|客|中|尺|
|红| |台| | | |人|

## 八

|1| |A| |B| | | |
|---|---|---|---|---|---|---|---|
|露|似|真|珠|月|似|弓| |
| |曾| | |既| | | |
| |相|看|两|不|厌| | |
| |识| | |解| |C虚| |
| |燕| | |饮| |负| |
| |归| | | | |青| |
|3归|来|还|见|曲|江|春| |

## 九

|1A| |B| | |C| |
|---|---|---|---|---|---|
|千|山|鸟|飞|绝|空|
|古| |流| | |山|
|风| |直| | |松|
|流|2松|下|问|童|子|
|人| |三| | |落|
|物| |3千|嶂|里| |
| | | |尺| | |

## 十

|1A| |B| | | |C| |
|---|---|---|---|---|---|---|---|
|万|径|人|踪|灭| | | |
|里|有| | | | | | |
|2悲|莫|悲|兮|生|别|离| |
|秋| |欢| |当| | | |
|常| |离| |作| | | |
|作| |合| |3人|空|瘦| |
|客| | | |杰| | | |

## 十一

|1A| |B| | |C| |
|---|---|---|---|---|---|
|孤|舟|蓑|笠|翁| |
|山| | | | | |
|寺| |随| | |落|
|2北|国|风|光| |日|
|贾| |潜| | |五|
|亭| |入| | |湖|
|西|3夜|雨|剪|春|韭|

## 十二

|1A| |B| | |C| |
|---|---|---|---|---|---|
|独|钓|寒|江|雪|锦|
|在| |南| | |江|
|异| |好| | |春|
|乡|2为|有|源|头|活|水|来|
|异| | | | | |天|
|客|3路|青|山|外|地|

## 十三

1A 春眠不觉晓　B 近听
风　　　　　水
花　　C 远　　无
2 草色遥看近却声
香
3 绝代有佳人
色

## 十六

1A 花落知多少
红少　C 乌
不恨鹊
是　　南
2 身无彩凤双飞翼
情
3 此物最相思

## 十四

1A 处处闻啼鸟　C 鸿
处歌　　　雁
伴始　　　不
愁觉　　　堪
颜　2 有人楼上愁
人　　　里
3 明月来相照听

## 十七

1A 白日依　B 山尽
出长
2 春江潮水连海平
花阔
红知　C 淮
胜何可依
火处比

## 十五

1A 夜来风雨声　B
　　送对
绮 2 黄滕酒
窗昏当
前花歌
易
3 纱窗日落渐黄昏

## 十八

1A 黄河入海流　B 日
河　　　　　光
2 远上寒山石径斜
上　　　　照
3 白毛浮　C 水集
云苍灵
间衣台

147

## 十九

| 1A | | B | | | C | |
|---|---|---|---|---|---|---|
| 欲 | 穷 | 千 | 里 | 目 | | 念 |
| 上 | | 里 | | | | 古 |
| 青 | 2 黄 | 鹤 | 知 | 何 | | 去 |
| 天 | | 云 | | | | |
| 搅 | 3 白 | 发 | 三 | 千 | | 丈 |
| 明 | | 日 | | | | |
| 月 | | 曛 | | | | |

## 二十二

| 1 | | A | | B | |
|---|---|---|---|---|---|
| 疑 | 是 | 地 | 上 | 霜 | 水 |
| | | 险 | | | 寒 |
| 2 水 | 悠 | 悠 | C 出 | | 风 |
| | | 悠 | 没 | | 似 |
| 3 九 | 月 | 天 | 山 | 风 | 刀 |
| | | 险 | 波 | | |
| | | 长 | 里 | | |

## 二十

| 1A | | B | | | C | |
|---|---|---|---|---|---|---|
| 更 | 上 | 一 | 层 | 楼 | | 万 |
| 立 | 从 | | | | | 里 |
| 西 | 2 大 | 漠 | 沙 | 如 | | 雪 |
| 江 | | 地 | | | | 飘 |
| 石 | | 起 | | | | |
| 壁 | 3 风 | 烟 | 望 | 五 | | 津 |
| | | 雷 | | | | |

## 二十三

| 1A | | B | | | C | |
|---|---|---|---|---|---|---|
| 举 | 头 | 望 | 明 | 月 | | |
| 手 | | 尺 | | | | |
| 可 | 2 天 | 下 | 归 | 心 | | |
| 近 | | 涯 | | | 心 | |
| 月 | | 路 | | | 视 | |
| | | | | | 春 | |
| 3 未 | 觉 | 池 | 塘 | 春 | 草 | 梦 |

## 二十一

| 1 | A | | | | |
|---|---|---|---|---|---|
| 床 | 前 | 明 | 月 | 光 | |
| | | 月 | | | |
| B 江 | | 几 | | C 春 | |
| 2 清 | 明 | 时 | 节 | 雨 | 纷 纷 |
| 月 | | 有 | | 细 | |
| 近 | | | | | |
| 3 入 | 主 | 自 | 古 | 谁 | 无 死 |

## 二十四

| 1 | A | | | | B | |
|---|---|---|---|---|---|---|
| 低 | 头 | 思 | 故 | 乡 | | 不 |
| | | 悠 | | | | 尽 |
| 2 忆 | 别 | 悠 | 悠 | 岁 | 月 | 长 |
| | | 月 | | | | 江 |
| | | 忽 | | | | 滚 |
| 3 此 | 恨 | 何 | 时 | 已 | | 滚 |
| | | 晚 | | | | 来 |

148

## 二十五

碧玉妆成一树高
水
东方欲晓
流 看 不胜寒
至 红
此 湿
回 处处闻啼鸟

## 二十六

万条垂下绿丝绦
水 马
千 春草明年绿
山 军 满
只 书 枝
等
闲来垂钓碧溪上

## 二十七

不知细叶谁裁出
可 师
沽 寒梅著花未
名 欲 捷
学 放 身
霸 先
王孙归不归 死

## 二十八

二月春风似剪刀
十 月 高
万 钩
军民团结如一人心
重 钓 上
入
赣 天气晚来秋

## 二十九

寒雨连江夜入吴
钟 树
古代曾云海 绿
寺 间 水
生 断 藏
春
忽复乘舟梦日边

## 三十

平明送客楚山孤
明 重
寻 行舟绿水前
白 藏 复
羽 不 疑
系 无
别有人间行路难

## 三十一

洛阳亲友如相问
阳　　　　　渠
城岗辅三秦那
里　　夜　得
见　　频　清
秋钟到梦迟如
风　　君　　许

## 三十二

一片冰心在玉壶
样　　　　天
悲　　愿　秋
坎情薄作风
逐　　比梦
逝　　翼　不
波　人来鸟不惊

## 三十三

渭城朝雨浥轻尘
北　辞　　　面
春　白也诗无敌
天　帝　　　
树　彩　　春
　浮云游子意
　　　间　动

## 三十四

客舍青青柳色新
　　山　遮
与　　　
君今不幸离人世
离　　住　无
别　　　　难
意　世上无难事

## 三十五

劝君更尽一杯酒
君　能　　
少　消　戎
骂　　　马
秦时明月汉时关
始　　　　　
皇　茫茫南与北

## 三十六

西出阳关无故人
湖　山　　面
歌　月　　不
舞　　　　知
几　快如之何
时　　　　
休嗟岁月堂堂去

## 三十七

独 在 异 乡 为 异 客
地　　　　国　　
愿　　　　效　　今
为　　天 命 不 又
连　　　　　　重
理　　　　　　阳
枝 枝 相 覆 盖

## 三十八

每 逢 佳 节 倍 思 亲
　　　令　　　　
　　　随　　　旧
长 岛 人 歌 动 地 诗
发　至　　　　多
其　　　优 思 难 忘
祥　　　　　却

## 三十九

遥 知 兄 弟 登 高 处
知　　　　　　
不 爱 红 装 爱 武 装
是　酥　　点　　
雪　手　　此　　
　　　　　关
千 锤 万 凿 出 深 山

## 四十

遍 插 茱 萸 少 一 人
地　　　　　　主
英　　风 不 定 若
雄　　　见　　只
下　　　古　　如
夕　　　年　　初
烟　　故 人 不 可 见

## 四十一

黄 师 塔 前 江 水 东
云　　　　　　临
万　　　登　　碣
里　　东 临 碣 石
动　　　近　　有
风 樯 动　日　遗
色　　　边　　篇

## 四十二

春 光 懒 困 倚 微 风
风　　　　　　物
杨 柳 飘 飘 春 思 长
柳　飘　　　　宜
万　何　　　　放
条 似　　抬 望 眼

## 四十三

桃花一簇开无主，
花潭恨别，
水 C 别，
深林鸟语留连，
千惊 3 如铁，
尺心 如铁 船

## 四十四

可爱深红爱浅红，
上 雨，
九 C 古 随，
天 2 木有本心，
桃 草无 翻，
月 3 是人裹 作，
径 浪

## 四十五

月落乌啼霜满天，
明 鹊 城，
星 南 尽，
稀 飞 带，
2 交交黄鸟，
金，
3 天上银河洗甲兵

## 四十六

江枫渔火对愁眠，
山 B 草，
如 枫 离，
此 手 离，
2 多情自古伤离别，
娇 兹，
3 去去思君深

## 四十七

姑苏城外寒山寺，
上 下，
2C 鸟高飞 旌，
仙 楼 旌旗，
山 接 3 在，
琼 大 望，
阁 荒

## 四十八

夜半钟声到客船，
来 处，
幽 2 绿树莺莺 C 语，
梦 歌 罢，
忽 燕 暮，
还 舞 天，
3 路迢迢 钟

## 四十九

1A 慈母手中线
B 
恩 可
塔 摘
下 星 汉 灿烂
题 辰 C 菊
名 花
3 处 处 何 曾 花 不 开

## 五十二

1A 意恐迟迟归 B 也
迟 无
2 杳 杳 钟 声 晚 C 一
鼓 年 个
初 唯 人
3 长 得 好 时 催
夜 静 促

## 五十

1 游子身上衣 A B 东
上 风
2 六月天兵征腐恶
出 尘
惊 杂
山 饮 酒 乐 岂
鸟 痕

## 五十三

1A 谁言寸草心 B 而
道 今
人 对 一 帆 轻 识
生 重 尺
无 山 愁
再 滋
3 少 年 不 识 愁 滋 味

## 五十一

1 临行密密缝 A B 大
人 渡
2 临 村 路 傍 溪 桥
发 横
3 今 又 重 阳 C 铁
开 春 索
封 曲 寒

## 五十四

1 报得三春晖 A B 鲲
军 鹏
过 击
2C 年 后 浪 推 前 浪
年 尽 从
3 柳 眼 开 何 媚 兹
色 颜 始

## 五十五

1. 湖光秋月两相和
   牧
2. 落花时节读华章
   地
   节
   暮
   破
   兄  云  沙  万  里
   弟  愁      卷

## 五十六

1. 潭面无风镜未磨
   壁
2. 二十四桥明月夜
   年      月  初
   图      松  长
   破      间
   壁          照无眠

## 五十七

1. 遥望洞庭山水翠
   看  房
   瀑  2. 昨日入城市
   布      夜    中
   挂      春    十
   前      风  九万里
   川      起        户

## 五十八

1. 白银盘里一青螺
   云
2. 山高路远坑深
   头  遥        千
   云  经        万
   欲  3. 几度夕阳红
   立      日        垂

## 五十九

1. 九曲黄河万里沙
   万      里    场
   里      云    埋
2. 风休住开  恨
   鹏      对  何
   正      明  时
3. 举杯邀明月    绝

## 六十

1. 浪淘风簸自天涯
   淘
2. 尺道隋亡为此河汉
   有      清
   暗
3. 风散动浮香  且
                 来  浅

## 六十一

| 1 | A | | | B | | C |
|---|---|---|---|---|---|---|
| 如 | 今 | 直 | 上 | 银 | 河 | 吉 |
| | 朝 | | | 汉 | | 年 |
| 2 墙 | 有 | 茨 | 无 | | 花 | |
| | 酒 | | | 声 | | 里 |
| 3 叹 | 今 | 吾 | 转 | | 逢 | |
| | 朝 | | 玉 | | 君 | |
| | 醉 | | 盘 | | 别 | |

## 六十四

| 1 | A | | | | | |
|---|---|---|---|---|---|---|
| 侧 | 坐 | 莓 | 苔 | 草 | 映 | 身 |
| | 看 | | | | | |
| 2 白 | 云 | 山 | 下 | B 呼 | 声 | C 急 |
| | 起 | | | 笔 | | 宣 |
| | 时 | | | 如 | | 乱 |
| | | | | 有 | | 石 |
| 3 敬 | 恭 | 明 | 神 | | 中 | |

## 六十二

| 1A | | | | | | |
|---|---|---|---|---|---|---|
| 同 | 到 | 牵 | 牛 | 织 | 女 | 家 |
| 心 | | | | | | |
| 干 | 戈 | 寥 | 落 | B四 | 周 | C星 |
| | | | | 海 | | 垂 |
| | | | | 无 | | 平 |
| 孤 | 云 | 独 | 去 | 闲 | | 野 |
| | | | | | | 阔 |

## 六十五

| 1 | A | | | | | B |
|---|---|---|---|---|---|---|
| 路 | 人 | 借 | 问 | 遥 | 招 | 手 |
| | 间 | | | | | 中 |
| 风 | 正 | 一 | 帆 | 悬 | | 握 |
| 道 | | | | | | 有 |
| 是 | | | | C殷 | | 杀 |
| 沧 | | 宣 | | 其 | 家 | 人 |
| 桑 | | 雷 | | | | 刀 |

## 六十三

| 1A | | | | | | |
|---|---|---|---|---|---|---|
| 蓬 | 头 | 稚 | 子 | 学 | 垂 | 纶 |
| 山 | | | | | | |
| 2此 | 情 | 可 | 待 | B成 | 追 | C忆 |
| 古 | | | 从 | | 往 | |
| 无 | | | 头 | | 事 | |
| 多 | | | | | | |
| 3路 | 上 | 行 | 人 | 欲 | 断 | 魂 |

## 六十六

| 1 | | A | | B | | C |
|---|---|---|---|---|---|---|
| 怕 | 得 | 鱼 | 惊 | 不 | 应 | 人 |
| | | 翔 | | 周 | | 道 |
| | | 浅 | | 山 | | 是 |
| | | 底 | | 下 | | |
| | | 2乱 | 红 | 无 | 数 | |
| | | | | 旗 | | |
| 3白 | 雨 | 跳 | 珠 | 乱 | 入 | 船 |

## 六十七

1. 锄禾 A 日当午 B 江南
   日
2. C 老醉 花间有几人
   骥 前
   伏 常
3. 病多知药性
   酒

## 六十八

A 可 B 浪 C 洞
1. 汗滴禾下土 庭
   大 三 波
   点 吴 涌
   兵 起 连
2. 白浪滔天
3. 数 骑 秋 烟 雪

## 六十九

1. A 谁知盘 B 中餐
   伴 国
   我 C 岑
   须 夫
2. 芭蕉叶大栀子肥
3. 西入长安到日边

## 七十

1. 粒粒皆 A 辛苦 B
   苦 独
   C 此 遭 有
   行 逢 豪
   何人不起故园情
   一
3. 途经百战后

## 七十一

1. 曲项向 A 天歌 B 坐地
   地
2. C 花落自有花开日行
   柳 正 八
   白 气 万
   无
   私 悠悠白云里

## 七十二

1. 白毛浮绿 A 水
   云 B 飞
   C 蔽 金 上
   白 龟 南
2. 敢教日月换新天
   酒 奇
3. 剩有游人处 岳

## 七十三

1A 红旗直上天山雪
掌拨
清波
2 教主死相许
3 无为鬼雄
B 亦在
C 彼路斯何

## 七十四

1 路曼曼其修远兮
游
B 猎马带禽
2C 壮士十年
3 归哉归哉
A 远
也无处不销魂
违

## 七十五

1 吾将上下而求索
穷碧
A 田问舍
2C 更堪回顾
吹落
3 黄洋界上
B 求索
泉

## 挑战级

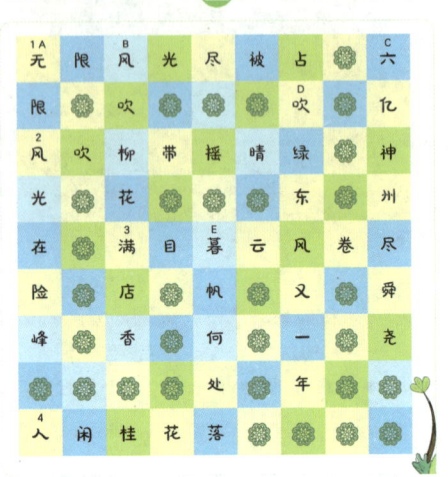

### 一

|   | A |   |   |   |   |   | B |   |
|---|---|---|---|---|---|---|---|---|
| 1 | 疑 | 是 | 地 | 上 | 霜 |   | 行 |   |
|   | 是 |   |   |   | 2 | 多 | 岐 | 路 |
| 3 | 银 | 汉 | 迢 | 迢 | 暗 | 度 |   | 难 |
|   | 河 |   |   |   |   |   |   |   |
| 4 | 落 | 红 | 不 | 是 | 无 | 情 | C物 | 卷 |
|   | 九 |   |   |   |   |   |   | 起 |
| 5 | 天 | 街 | 小 | 雨 | 润 | 如 | 酥 | 千 |
|   |   | 轩 |   |   |   |   |   | 堆 |
|   |   | 6窗 | 含 | 西 | 岭 | 千 | 秋 | 雪 |

### 二

|   | 1A |   | B |   | C |   | D |   |
|---|---|---|---|---|---|---|---|---|
|   | 春 | 眠 | 不 | 觉 | 晓 | 千 |   |   |
|   | 去 |   | 知 |   | 看 | 2万 | 山 | 红 | 遍 |
|   | 花 |   | 细 |   | 红 |   | 鸟 | 身 |   |
|   | 还 |   | 叶 |   | 湿 |   | 飞 | E罗 | 绮 |
|   | 在 |   |   | 准 | 处 |   | 绝 | 者 |   |
|   |   |   |   | 裁 | F千 | 胜 | 火 |   |
|   | 3日 | 出 | 江 | 花 | 红 | 万 |   |   |
|   | 4两 | 个 | 黄 | 鹂 | 鸣 | 翠 | 柳 |   |

### 三

|   | 1A |   |   |   | B |   |   | C |   |
|---|---|---|---|---|---|---|---|---|---|
|   | 无 | 限 | 风 | 光 | 尽 | 被 | 占 |   | 六 |
|   | 限 |   | 吹 |   |   | D吹 |   | 亿 |
| 2 | 风 | 吹 | 柳 | 带 | 摇 | 晴 | 绿 | 神 |
|   | 光 |   | 花 |   | 东 |   |   | 州 |
|   | 在 | 3满 | 目 | 暮 | E云 | 风 | 卷 | 尽 | 舜 |
|   | 险 | 店 |   | 帆 |   | 又 | 一 | 年 | 尧 |
|   | 峰 | 香 |   | 何 |   | 处 |   |   |
| 4 | 人 | 闲 | 桂 | 花 | 落 |   |   |   |

### 四

|   | 1A |   |   |   | B |   | 2C |   |
|---|---|---|---|---|---|---|---|---|
|   | 鱼 | 戏 | 莲 | 叶 | 东 |   | 西 | 风 | 烈 |
|   | 戏 |   |   |   | 边 |   | 寒 |
|   | 莲 |   |   | 3白 | 日 | 依 | 山 | 尽 |
|   | 叶 |   |   | 出 |   |   | 前 |
| 4 | 西 | 北 | 望 |   | 5西 | 山 | 白 | 雪 | E高 |
|   | 长 |   |   |   | 边 |   | 鹭 | 处 |
| 6F | 日 | 城 | 头 | 雨 |   | 飞 |   | 不 |
|   | 融 |   | 内 |   |   |   |   | 胜 |
|   | 融 |   | 外 |   | 7今 | 日 | 水 | 犹 | 寒 |

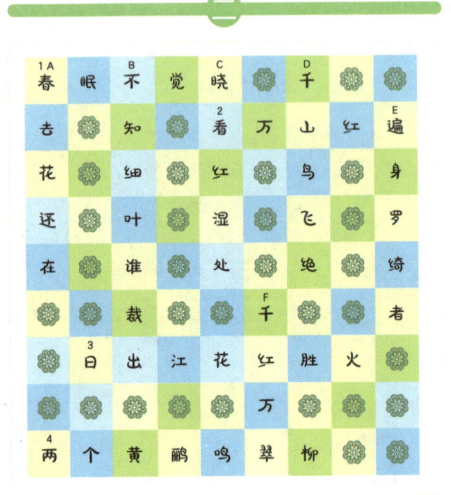

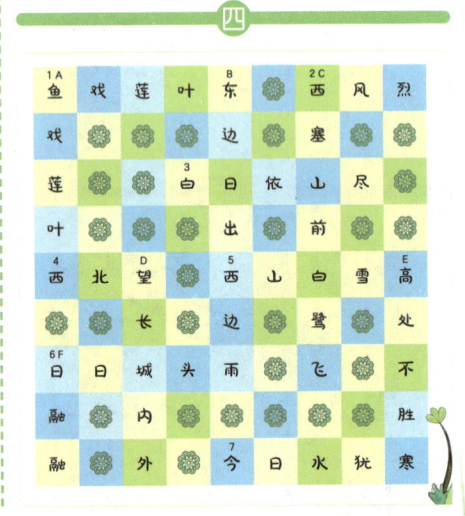

## 五

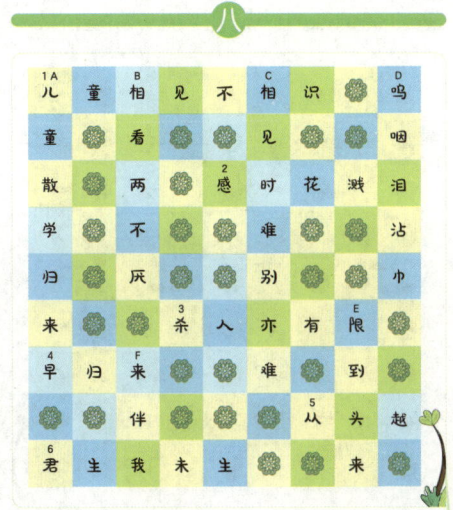

| | A | | B | | C | | D | |
|---|---|---|---|---|---|---|---|---|
|1A|鱼|戏|莲|叶|南| |花| |
|戏| |舟| |2|弟|皆|分|散|
|莲| |陌| |嘉| |竹| |间|
|叶| |晚| |3鱼|戏|莲|叶|杯|
|4北|国|风|光| | |F对| | |
| | | |阴| | |长| | |
|5G儿|童|急|走|追|黄|蝶| |亭|
|女| | |仙| | | | | |
|泪| |6停|车|坐|爱|枫|林|晚|

## 七

| | A | | | | 2B | | |
|---|---|---|---|---|---|---|---|
|1A低|头|思|故|乡| |待|从|头|
|头| |弄| | | | |到| |
|弄| | |C故| |3北|山|有|D李|
|莲|花|过|人|头| |花| |白|
|子| | |西| |烂| |乘| |
| | | |辞| | |漫| |舟|
|5最|是|橙|黄|橘|绿|时| |将|
| | |天| | | | | |欲|
| | |鹤| | | | | | |
|6独|上|高|楼|7日|月|之| |行|

## 六

| | A | | 1B | | | | | |
|---|---|---|---|---|---|---|---|---|
| |A白| | |明|日|复|明|日|
|2举|头|望|明|月| | | | |
| |橙| | |几|C青|D此| | |
|3一|更|更| |时|鸣|春|涧|中|
| |短| | |有| |作| |有|
|E昔| |F明| | |伴| |真| |
|5我|生|待|明|日| |好| |意|
|往| | |如| | |还| | |
|矣| | | |6月|是|故|乡|明|

## 八

| | A | | B | | C | | | D |
|---|---|---|---|---|---|---|---|---|
|1A儿|童|相|见|不|相|识| |呜|
|童| |看| |见| | | |咽|
|散| |两| |2感|时|花|溅|泪|沾|
|学| |不| | |别| | |巾|
|归| |厌| | | | | | |
|来| | |3|人|亦|有|E限| |
|4早|归|来| | |难| |到| |
| | |伴| | |5从|头|越| |
|6君|生|我|未|生| | |来| |

## 九

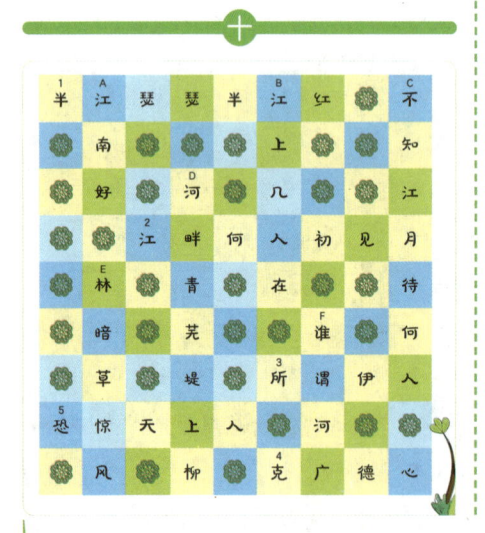

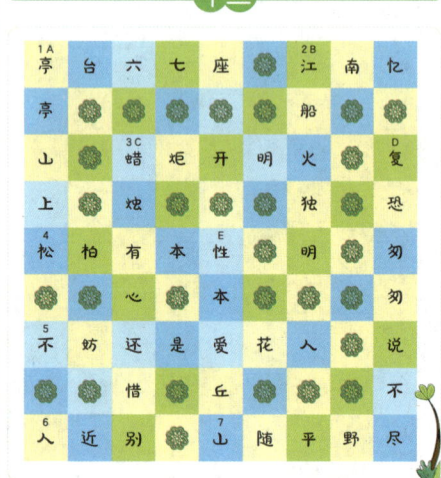

|  | A |  | B |  | C |  |
|---|---|---|---|---|---|---|
| 1 | 欲 | 穷 | 千 | 里 | 目 |  | 浓 |  | 王 |
|  | 把 |  |  |  | 2 王 | 于 | 兴 | 师 |
| 3 | 西 | 北 | 有 | 高 | 楼 |  | 酒 |  | 北 |
|  | 湖 |  |  | D 春 |  |  | 定 |
|  | 比 |  | 4 去 | E 年 | 今 | 日 | 此 | 门 | 中 |
|  | 西 |  | 年 |  |  | 宴 |  |  | 原 |
| 5 | 子 | 在 | 川 | 上 | 日 | 6F 知 |  | 何 | 日 |
|  |  |  |  |  | 高 |  |  |  | 何 |
| 7 | 人 | 生 | 到 | 处 | 知 | 何 | 似 |

## 十一

| 1A 烟 | 村 | 四 | 五 | C 家 |  | D 在 |
| 花 |  | 2 面 |  | 家 | 住 | 孟 | 津 | 河 |
| 三 |  | 歌 |  | 扶 |  | E 题 |  | 洲 |
| 月 |  | 残 |  | 得 |  |  | 诗 |
| 下 | 3 终 | 日 | 醉 |  | 黄 | 昏 | 后 |
| 杨 |  | 破 |  | 4 人 | 约 |  |  | F 庭 |
| 州 |  | 楚 |  | 归 |  | 鹤 |  | 遗 |
|  |  |  |  |  |  | 楼 |  | 曲 |
| 5 毕 | 竟 | 西 | 湖 | 六 | 月 | 中 |

## 十

| 1A 半 | 江 | 瑟 | 瑟 | B 半 | 江 | 红 |  | C 不 |
| 南 |  |  |  | 上 |  |  | 知 |
| 好 |  | D 河 |  | 几 |  | 江 |
|  | 2 江 | 畔 | 何 | 人 | 初 | 见 | 月 |
| E 林 |  | 青 |  | 在 |  | 待 |
| 暗 |  | 芜 |  | F 淮 |  | 何 |
|  |  | 草 |  | 3 所 | 谓 | 伊 | 人 |
| 5 恐 | 惊 | 天 | 上 | 人 |  | 河 |
|  |  | 风 |  | 4 克 | 广 | 德 | 心 |
|  |  |  | 柳 |

## 十二

| 1A 亭 | 台 | 六 | 七 | 座 |  | 2B 江 | 南 | 忆 |
| 亭 |  |  |  |  |  | 船 |
| 山 |  | 3C 蜡 | 炬 | 开 |  | 明 |  | 火 |  | D 复 |
| 上 |  | 烛 |  |  |  | 独 |  | 恐 |
| 4 松 | 柏 | 有 | 本 | E 性 |  | 明 |  | 匆 |
|  |  | 心 |  | 本 |  |  | 匆 |
| 5 不 | 妨 | 还 | 是 | 爱 | 花 | 人 |  | 说 |
|  |  |  | 惜 |  | 丘 |  |  | 不 |
| 6 人 | 近 | 别 |  | 7 山 | 随 | 平 | 野 | 尽 |

160

## 十三

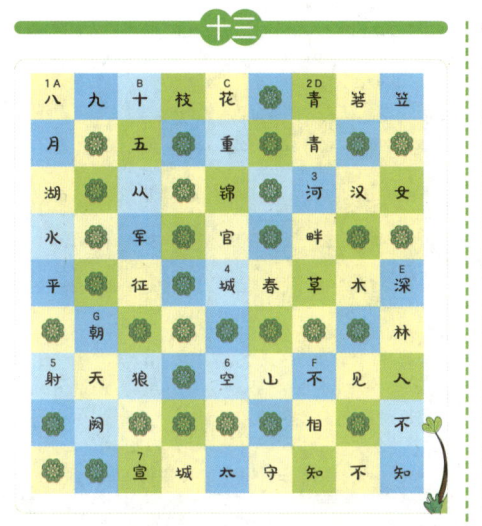

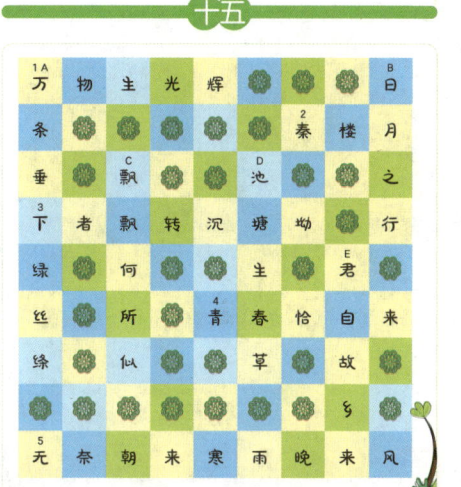

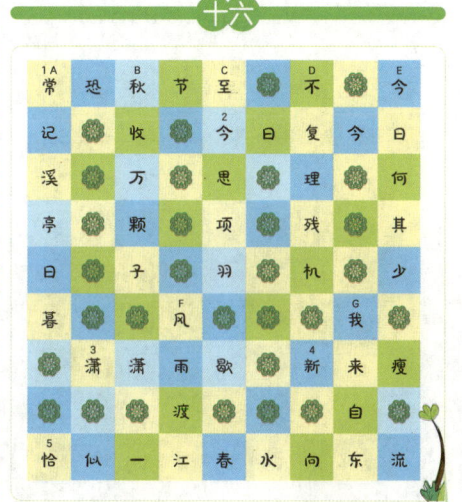

| 1A八 | 九 | 十 | B枝 | C花 |  | 2D青 | 箬 | 笠 |
|---|---|---|---|---|---|---|---|---|
| 月 |  | 五 |  | 重 |  | 青 |  |  |
| 湖 |  | 从 |  | 锦 |  | 3河 | 汉 | 女 |
| 水 |  | 军 |  | 官 |  | 畔 |  |  |
| 平 |  | 征 |  | 4城 | 春 | 草 | 木 | E深 |
|  |  | G朝 |  |  |  |  |  | 林 |
| 5射 | 天 | 狼 |  | 空 | 山 | 6不 | F见 | 人 |
|  | 冈 |  |  |  |  | 相 |  | 不 |
|  |  | 7宣 | 城 | 太 | 守 | 知 | 不 | 知 |

## 十五

| 1A万 | 物 | 生 | 光 | 辉 |  | B日 |  |  |
|---|---|---|---|---|---|---|---|---|
| 条 |  |  |  |  |  | 2秦 | 楼 | 月 |
| 垂 |  | C飘 |  | D池 |  | 之 |  |  |
| 3下 | 者 | 飘 | 转 | 沉 | 塘 | 坳 |  | 行 |
| 绿 |  | 何 |  | 所 |  | 生 |  | E君 |
| 丝 |  | 似 |  | 4青 | 春 | 恰 | 自 | 来 |
| 绦 |  |  |  | 草 |  |  |  | 故 |
|  |  |  |  |  |  |  |  | 乡 |
| 5无 | 奈 | 朝 | 来 | 寒 | 雨 | 晚 | 来 | 风 |

## 十四

| 1A青 | 青 | 园 | 中 | 葵 |  | B卖 |  |  |
|---|---|---|---|---|---|---|---|---|
| 山 |  |  |  | C凭 |  | 炭 |  |  |
| 依 |  | 2D白 | 发 | 谁 | 家 | 翁 | 媪 |  |
| 旧 |  | 首 |  | 问 |  |  |  |  |
| 3在 | 水 | 一 | 方 |  | E只 |  | F靖 |  |
|  |  | 悔 |  | 4唯 | 有 | 杜 | 康 |  |
| 5G明 | 灯 | 夜 | 读 | 书 |  | 敬 |  | 耻 |
| 月 |  | 书 |  |  |  | 亭 |  |  |
| 下 |  |  |  | 6迟 | 日 | 江 | 山 | 丽 |

## 十六

| 1A常 | B恐 | 秋 | 节 | C至 |  | D不 |  | E今 |
|---|---|---|---|---|---|---|---|---|
| 记 |  | 牧 |  | 2今 | 日 | 复 | 今 | 日 |
| 溪 |  | 万 |  | 思 |  | 理 |  | 何 |
| 亭 |  | 颗 |  | 项 |  | 残 |  | 其 |
| 日 |  | 子 |  | 羽 |  | 机 |  | 少 |
| 暮 |  | F风 |  |  |  |  |  | G我 |
|  |  | 潇 |  | 雨 | 歇 | 4新 | 来 | 瘦 |
|  |  | 潇 |  | 渡 |  |  |  | 自 |
| 5恰 | 似 | 一 | 江 | 春 | 水 | 向 | 东 | 流 |

## 十七

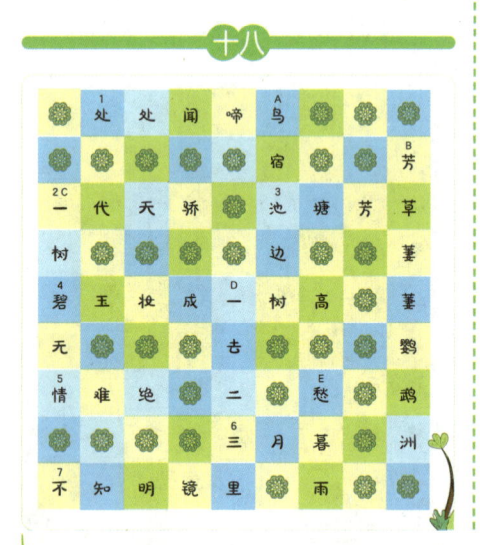

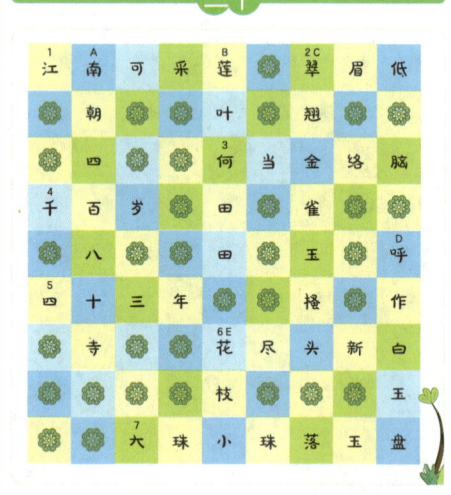

| 1床 | A前 | 明 | 月 | 光 | ❀ | 看 | 孙 | 2B郎 |
|---|---|---|---|---|---|---|---|---|
| ❀ | 不 | ❀ | ❀ | ❀ | 看 | ❀ | 骑 | C |
| 3但 | 见 | 长 | 江 | 送 | 流 | 水 | 竹 | ❀ |
| ❀ | 古 | ❀ | ❀ | ❀ | 没 | ❀ | 马 | ❀ |
| 4D无 | 人 | 知 | 是 | 荔 | 枝 | 来 | 来 | ❀ |
| 如 | ❀ | ❀ | ❀ | ❀ | 时 | ❀ | ❀ | ❀ |
| 岁 | ❀ | 5E夕 | 贬 | 潮 | 州 | 路 | 八 | F千 |
| 月 | ❀ | 阳 | ❀ | ❀ | ❀ | ❀ | ❀ | 嶂 |
| 何 | ❀ | 天 | ❀ | 6出 | 没 | 风 | 波 | 里 |

## 十九

| 1A夜 | 来 | 风 | 雨 | 声 | ❀ | 莫 | 莫 | B莫 |
|---|---|---|---|---|---|---|---|---|
| 半 | ❀ | ❀ | ❀ | ❀ | ❀ | ❀ | ❀ | 愁 |
| 3钟 | 山 | C风 | 雨 | D起 | 苍 | E黄 | ❀ | 前 |
| 声 | ❀ | 雨 | ❀ | 舞 | ❀ | 河 | 桥 | 路 |
| 到 | ❀ | 送 | ❀ | 弄 | ❀ | 远 | ❀ | 无 |
| 客 | ❀ | 春 | ❀ | 5清 | 白 | 上 | 天 | 知 |
| 船 | ❀ | 6归 | 月 | 影 | ❀ | 白 | ❀ | 己 |
| ❀ | ❀ | ❀ | ❀ | ❀ | ❀ | 云 | ❀ | ❀ |
| 7京 | 口 | 瓜 | 洲 | 一 | ❀ | 水 | ❀ | 间 |

## 十八

| ❀ | 1处 | 处 | 闻 | A啼 | 鸟 | ❀ | ❀ | ❀ |
|---|---|---|---|---|---|---|---|---|
| ❀ | ❀ | ❀ | ❀ | 宿 | ❀ | ❀ | B芳 | ❀ |
| 2C一 | 代 | 天 | 骄 | ❀ | 3池 | 塘 | 芳 | 草 |
| 树 | ❀ | ❀ | ❀ | 边 | ❀ | ❀ | 萋 | ❀ |
| 4碧 | 玉 | 妆 | 成 | D一 | 树 | 高 | 萋 | ❀ |
| 无 | ❀ | ❀ | ❀ | ❀ | ❀ | ❀ | 鹦 | ❀ |
| 5情 | 难 | 绝 | 二 | E愁 | ❀ | ❀ | 鹉 | 洲 |
| ❀ | ❀ | ❀ | 6三 | 月 | 暮 | 雨 | ❀ | ❀ |
| 7不 | 知 | 明 | 镜 | 里 | ❀ | ❀ | ❀ | ❀ |

## 二十

| 1江 | 南 | 可 | 采 | 莲 | ❀ | A草 | 眉 | 2C低 |
|---|---|---|---|---|---|---|---|---|
| ❀ | ❀ | 朝 | ❀ | 叶 | ❀ | 翅 | ❀ | ❀ |
| ❀ | ❀ | 四 | ❀ | 3何 | 当 | 金 | 络 | 脑 |
| 4千 | 百 | 岁 | ❀ | 田 | ❀ | 雀 | ❀ | D呼 |
| ❀ | 八 | ❀ | ❀ | 田 | ❀ | 玉 | ❀ | 作 |
| 5四 | 十 | 三 | 年 | ❀ | ❀ | 搔 | ❀ | 白 |
| ❀ | 寺 | ❀ | 6E花 | 尽 | 头 | 新 | ❀ | 玉 |
| ❀ | ❀ | ❀ | 枝 | ❀ | ❀ | ❀ | 玉 | 盘 |
| ❀ | ❀ | 7大 | 珠 | 小 | 珠 | 落 | 玉 | 盘 |

## 二十一

|   |   |   |   |   |   |   |
|---|---|---|---|---|---|---|
| ¹ᴬ朝 | 辞 | ᴮ白 | 帝 | 彩 | 云 | ᶜ间 |
| 露 | 🌸 | 屋 | 🌸 | 🌸 | 🌸 | 八 |
| 待 | 🌸 | 炊 | 🌸 | ²ᴰ淡 | 烟 | 千 |
| ³日 | 照 | ᴱ香 | 炉 | 生 | 紫 | 烟 |
| 晞 | 🌸 | 饭 | 当 | 芳 | 云 | 路 |
| 🌸 | ᶠ雨 | 🌸 | 作 | 草 | 和 | 🌸 |
| ⁴风 | 雪 | 夜 | 归 | 人 | 🌸 | 月 |
| 🌸 | 霏 | 🌸 | 🌸 | 杰 | 云 | 🌸 |
| ⁵烟 | 霏 | 成 | 路 | 🌸 | ⁶念 | 远 | 离 | 情 |

## 二十二

|   |   |   |   |   |   |   |
|---|---|---|---|---|---|---|
| ¹ᴬ轻 | 舟 | 已 | 过 | 万 | 重 | 山 | 🌸 | 一 |
| 捻 | 🌸 | 🌸 | 墙 | 🌸 | 🌸 | 🌸 | 🌸 | 莺 |
| 慢 | ²ᴰ杨 | 花 | 落 | 尽 | 子 | 规 | 🌸 | 啼 |
| 捻 | 柳 | 🌸 | 🌸 | 🌸 | 🌸 | 🌸 | 🌸 | 带 |
| 抹 | 青 | 🌸 | ³ᴱ更 | 著 | 风 | 和 | 雨 |
| ⁴复 | 照 | 青 | 苔 | 上 | 🌸 | 🌸 | 🌸 |
| 桃 | 江 | 🌸 | ⁵一 | 舌 | 二 | 三 | 里 |
| 🌸 | 水 | 🌸 | 层 | 🌸 | 🌸 | 🌸 | 🌸 |
| ⁶恨 | 难 | 平 | ⁷楼 | 观 | 岳 | 阳 | 尽 |

## 二十三

|   |   |   |   |   |   |   |
|---|---|---|---|---|---|---|
| ¹ᴬ两 | 岸 | 猿 | 声 | 啼 | 不 | 住 | 🌸 | ᴮ将 |
| 个 | 🌸 | 🌸 | 🌸 | 🌸 | 🌸 | 🌸 | 🌸 | 军 |
| ²黄 | 河 | 入 | ᶜ海 | 流 | 🌸 | ³淮 | 满 | 百 | 战 |
| 鹂 | 🌸 | 🌸 | 日 | 🌸 | 🌸 | 🌸 | 🌸 | ᴰ死 |
| 鸣 | 🌸 | ⁴人 | 生 | 自 | 古 | 谁 | 无 | 客 |
| 翠 | 🌸 | 🌸 | 残 | 🌸 | 🌸 | 🌸 | 🌸 | 🌸 |
| 柳 | ⁵ᴱ今 | 夜 | 月 | 明 | 人 | 尽 | 望 |
| 🌸 | 宵 | 🌸 | 🌸 | 🌸 | 🌸 | 日 | 🌸 |
| ⁶谈 | 笑 | 里 | ⁷白 | 云 | 依 | 静 | 渚 |

## 二十四

|   |   |   |   |   |   |   |
|---|---|---|---|---|---|---|
| ¹ᴬ少 | 小 | ᴮ离 | 家 | ᶜ老 | 大 | 回 | 🌸 | ᴰ烟 | ᴱ波 |
| 壮 | 🌸 | 别 | 🌸 | 大 | 🌸 | 首 | 🌸 | 波 | 🌸 |
| 不 | 家 | 🌸 | 徒 | ⁶伤 | 🌸 | 向 | 空 | 江 |
| 努 | 🌸 | 乡 | 🌸 | 悲 | 🌸 | 来 | 萧 | 上 |
| 力 | 🌸 | 🌸 | 岁 | 🌸 | 🌸 | 🌸 | 瑟 | 使 人 |
| 🌸 | ²明 | 月 | 夜 | 🌸 | 🌸 | 🌸 | 🌸 | 愁 |
| ᶠ须 | 🌸 | 🌸 | 🌸 | ⁵ᴳ烟 | 波 | 处 | 处 | 🌸 |
| 晴 | 🌸 | 🌸 | 多 | 波 | 🌸 | 🌸 | 🌸 | 🌸 |
| ³日 | 西 | 🌸 | 尽 | ⁴芳 | 侵 | 古 | 道 |

## 二十五

|   |   |   |   |   |   |   |
|---|---|---|---|---|---|---|
| 1A露 | 似 | 真 | 珠 | B月 | 似 | 弓 |
| 从 |   |   |   | 曾 |   |   |
| 2今 | 我 | 来 | 思 | 相 |   | C绿 |
| 夜 |   |   |   |   |   | 叶 |
| 白 | D白 | 3恨 | 燕 | 子 |   | 成 |
|   | 4今 | 头 | 白 | 归 |   | 阴 |
| E撑 |   | 宫 | 5归 | 来 | 见 | 天子 |
| 6小儿 |   | 女 |   |   |   | 满 |
| 艇 |   | 在 | 地 | 愿 | 为 | 连理枝 |

## 二十六

|   |   |   |   |   |   |   |
|---|---|---|---|---|---|---|
| 1A何 | 时 | 复 | 西 | 归 |   | 2C一 | 溪 | 云 |
| 当 |   |   | 山 |   |   | 句 |
| 共 |   | 3外 | 物 | 孰 | 能 | 侵 |
| 4剪 | 不 | 断 |   |   | 教 | D浮 |
| 西 |   |   | 5E千 | 秋 | 万 | 岁 | 名 |
| 窗 |   | F人 |   | 两 | 古 | 浮 |
| 烛 |   | 知 |   | 丝 |   | 传 | 利 |
|   |   | 其 |   |   |   |   |
| 6别 | 是 | 一 | 般 | 滋 | 味 | 在 | 心 | 头 |

## 二十七

|   |   |   |   |   |   |   |
|---|---|---|---|---|---|---|
| 1A曲 | B项 | 向 | 天 | 歌 |   | D瀚 |
| 江 | 晚 | 2以 | 观 | 沧 | 海 |
| 水 |   | 意 |   | 咏 |   | 阑 | 干 |
| 满 |   | 不 |   | 志 |   |
| 花 |   | 适 |   | 3受 | 天 | 百 | 禄 |
| 千 |   |   | E中 |   |   | 丈 |
| 4树 | 树 | 皆 | 秋 | 色 |   | 5F透 | 冰 | 肌 |
|   |   |   | 过 |   |   | 帘 |
| 6重 | 阳 | 近 | 也 |   | 7罗 | 幕 | 轻 | 寒 |

## 二十八

|   |   |   |   |   |   |   |
|---|---|---|---|---|---|---|
| 1A白 | 毛 | 浮 | 绿 | 水 |   | C还 |
| 日 |   | 蚁 |   | D绝 |   | 似 |
| 放 | 2求 | 新 | 未 | 必 | 胜 | 如旧 |
| 歌 |   | 醅 |   | 烟 |   | 时 |
| 须 |   | 酒 |   | 柳 |   | 游 |
| 3纵 | E早 |   | 4宾 | 客 | 满 | 堂 | 上 |
| 酒 | 归 | 宁 |   | 皇 |   | 都 | 苑 |
|   |   | 父 |   |   |   |   |
| 5慈 | 母 | 手 | 中 | 线 |   |   |

## 二十九

| | | | | | | |
|---|---|---|---|---|---|---|
|1解|落|A三|秋|叶|2B芙|蓉|院|
| | |十| | |蓉| | |
|C两| |3功|盖|三|分|国|E天|
|两| |名| |五| |里| |气|
|三| |尘|4二|八|尽|妖|妍|
|5三|五|与|二| |八| |朝|晖|和|
|百| |土| |时| |晖| |水|
|舌| | | | | | |色|
|6鸣|筝|金|粟|柱| |绣|衣|鲜|

## 三十一

|1A入|竹|万|竿|斜| |C六| |
|---|---|---|---|---|---|---|---|
| | |外|2月|涌|大|江|流|
| | |桃| |沉| |东| |
|3李|花|白|沉|念|去|D去| |
| | |三| |藏| |日| |
|5两| |4四|海|来|假| |苦|
|6E柳|枝|愁|雾| | |多| |
|依| | | | | | | |
|7依|旧|竹|声|新|月|似|当|年|

## 三十

|A苟| |十| |1C春| |种|一|粒|粟|
|---|---|---|---|---|---|---|---|---|---|
|2能|开|二|月|花| |笑| | | |
|制| |学| |3秋|收|万|颗|E子|
|侵| |弹| |月| |金| |在|
|陵| |筝| |何| |轻| |巢|
| |F春| |时| | | |中|
|4事|如|春|梦|了|无|痕| |G望|
|旧| | | |风| |母| |
| |5斜|风|细|雨|不|须|归|

## 三十二

|1A花|落|知|多|少| |2秋|C月|明|
|---|---|---|---|---|---|---|---|---|
|开|音| | |D返| | |在| |
|堪|如| |景| |杯| | | |
|折| |3不|知|转|入|此|F中|来|
|直|赏| | |深| |日| |
|须| | |林| | |绮| |
|4折|得|自|孤|吟|E小|轩|窗|
| |别| | | | |前| |
|6可|怜|后|主|还|祠|庙|

## 三十三

|   | A | B | C | D | E |
|---|---|---|---|---|---|
| 1 | 千 | 里 | 江 | 陵 | 一 | 日 | 还 |
|   | 山 |   | 山 |   | 道 |   | 来 |   |
|   | 鸟 |   | 代 |   | 残 |   | 就 |   | 泊 |
|   | 飞 |   | 有 |   | 阳 |   | 菊 |   | 烟 |
|   | 绝 |   |   | 才 |   | 铺 | 2花 | 满 | 渚 |
|   |   |   | 人 |   | 水 |   |   |
| 4F | 新 | 月 | 出 |   | 中 | 岁 | 颇 | G好 | 道 |
|   | 来 |   |   |   |   |   | 春 |   |
| 5 | 瘦 | 马 | 恋 | 秋 | 草 | 6春 | 光 | 好 |

## 三十五

|   | A | B | C | D |
|---|---|---|---|---|
| 1 | 故 |   |   | 两 |   | 1C兰 | 亭 | D路 |
| 2 | 乡 | E音 | 无 | 改 | 鬓 | 毛 | 衰 |   | 远 |
|   | 何 |   | 边 |   | 苍 |   | 花 |   | 无 |
|   | 处 |   | 落 |   | 苍 |   | 始 |   | 人 |
|   | 是 |   | 木 |   | 十 |   | 白 |   | 吉 |
|   |   |   | 萧 |   | 指 |   |   |
| F | 残 | 萧 | 黑 | 3白 | G六 | 分 | H明 |
| 4 | 照 | 临 | 下 | 土 | 首 |   | 窗 |
|   | 外 |   |   | 5客 | 路 | 青 | 山 | 外 |

## 三十四

|   | A | B | C |
|---|---|---|---|
| 1 | 风 | 雨 | 送 | 春 | 归 |   | 2对 | 白 | 云 |
|   |   | 打 |   | 眠 |   | D青 |   | 头 |   |
|   | 梨 |   | 3不 | 知 | 天 | 上 | 宫 | 阙 |
|   | 花 |   |   | 觉 |   | 有 |   | 女 |
|   | 深 |   |   | 晓 |   | 月 |   | 在 |
|   |   | 闭 |   |   | 4人 | 来 | 吉 | F为 |
| 5E | 衡 |   | 门 |   | 之 | 下 |   | 几 |   | 伊 |
|   | 门 |   |   |   | 6感 | 时 | 花 | 溅 | 泪 |
|   | 外 | 疏 | 狂 |   |   |   |   |   | 落 |

## 三十六

|   | A | B | C |
|---|---|---|---|
|   | A淡 |   |   |   | 1B春 | 一 | C梦 |
| 2 | 笑 | D问 | 客 | E从 | 何 | 处 | 来 |   | 回 |
|   | 间 |   | 行 |   | 事 |   | 我 |   | 人 |
|   |   |   | 悲 |   | 3长 | 安 | 不 | 觉 | 远 |
|   |   |   | 故 |   | 向 |   | 先 |   |
| 4 | 违 | F此 | 乡 | 山 | 别 |   | 开 | 5G笑 |
|   |   |   | 情 |   | 时 |   | 口 |   | 问 |
| 6 | 荷 | 疏 | 玉 | 露 | 圆 |   |   | 东 |
|   |   |   | 隔 |   |   |   | 7习 | 习 | 谷 | 风 |

## 三十七

|   | 1A |   | B |   | C |   |   | 2 |   | D |   |
|---|---|---|---|---|---|---|---|---|---|---|---|
|   | 更 | 上 | 一 | 层 | 楼 | ❀ | 望 | 空 | 江 |   |
|   | 喜 | ❀ | 任 | ❀ | 船 | ❀ |   | 山 | 如 |   |
|   | 岷 | ❀ | 群 | ❀ | 夜 | E | 霜 | 如 | ❀ |   |
|   | 山 | ❀ | 芳 | 3 | 雪 | 暗 | 凋 | 旗 | 画 |   |
|   | 千 | ❀ | 炉 | ❀ | 瓜 | ❀ | 老 | ❀ | 浮 |   |
|   | 里 | ❀ | ❀ | 4 洲 | 浅 | 树 | 全 | 浮 |   |   |
|   | 5 雪 | 里 | 萧 | 山 | 渡 | ❀ | 寒 | ❀ |   |   |
|   | ❀ | ❀ | F 如 | ❀ | ❀ | 6 无 | 人 | 合 |   |   |
|   | 7 六 | 宫 | 粉 | 黛 | 无 | 颜 | 色 |   |   |   |

## 三十八

|   |   | A 独 |   | B 八 |   | 1C 昨 | 夜 | D 里 |   |
|---|---|---|---|---|---|---|---|---|---|
|   | 2 可 | 怜 | 九 | 月 | 初 | 三 | 夜 | ❀ | 骨 |
|   | ❀ | 幽 | ❀ | 秋 | ❀ | ❀ | 雨 | ❀ | 扣 |
|   | 草 | 草 | 赋 | 高 | 唐 | ❀ | 疏 | 我 | ❀ |
|   | ❀ | 涧 | ❀ | 风 | ❀ | 风 | ❀ | 门 |   |
|   | 4 青 | 边 | 挚 | 怒 | 雕 | ❀ | 骤 | ❀ |   |
|   | ❀ | 生 | ❀ | 号 | ❀ | E 惊 | ❀ | F 去 |   |
|   | ❀ | ❀ | ❀ | ❀ | ❀ | 回 | ❀ | 吴 |   |
|   | 5 故 | 国 | 不 | 堪 | 回 | 首 | 月 | 明 | 中 |

## 三十九

|   | 1 | A 阳 | 春 | 布 | 德 | 泽 | ❀ | ❀ | B 相 |
|---|---|---|---|---|---|---|---|---|---|
|   | ❀ | ❀ | 风 | ❀ | ❀ | ❀ | 2 又 | 相 | 逢 |
|   | ❀ | 3 又 | 疑 | 瑶 | 台 | C 镜 | ❀ | 每 | ❀ |
|   | ❀ | ❀ | 绿 | ❀ | 4 中 | 心 | 如 | 醉 |   |
|   | ❀ | ❀ | 江 | 5D 绿 | 鬓 | 衰 | ❀ | 还 |   |
|   | 6 城 | 南 | 老 | 树 | ❀ | 7 先 | E 秋 |   |   |
|   | ❀ | 岸 | ❀ | 村 | ❀ | 己 | 香 |   |   |
|   | ❀ | ❀ | ❀ | 边 | 8 先 | 得 | 月 |   |   |
|   | 9 妻 | 子 | 好 | 合 | ❀ | 斑 | 中 |   |   |

## 四十

|   | 1A 百 | 川 | 东 | C 到 | 海 | ❀ | D 云 |   |   |
|---|---|---|---|---|---|---|---|---|---|
|   | 2 万 | 临 | ❀ | 不 | 解 | 藏 | 踪 | 迹 |   |
|   | 雄 | ❀ | 竭 | ❀ | 厌 | ❀ | 李 | ❀ |   |
|   | 师 | ❀ | 3 石 | 梯 | 深 | 入 | 白 | 云 |   |
|   | ❀ | 过 | ❀ | ❀ | ❀ | ❀ | ❀ | 读 |   |
|   | ❀ | 大 | 4E 文 | 成 | 破 | 体 | 书 | F 在 | 纸 |
|   | ❀ | 江 | ❀ | 王 | ❀ | ❀ | 山 | 帐 |   |
|   | ❀ | ❀ | ❀ | 在 | ❀ | ❀ | ❀ | 残 |   |
|   | 5 誓 | 将 | 上 | 雪 | 列 | 圣 | 耻 | 灯 |   |

167

## 四十一

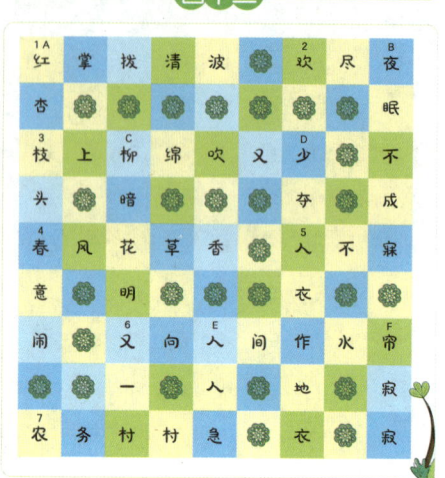

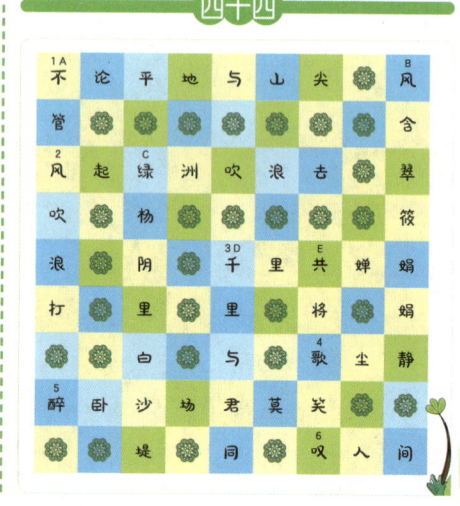

|1A风|吹|草|低|见|牛|羊|B终|
|---|---|---|---|---|---|---|---|
|光| | | | | | |岁|
|2不|肯|C过|江|东|D青| |不|
|与| | |风|3流|天|下|闻|
|4四| |E更|过|不|有| |丝|
|时| |江|山|与|风|月|竹|
|同| |千| |周| |来|声|
| | |尺| |郎| |几| |
|6卷|轻|浪|便| |7时|难|得|

## 四十二

|1A天|似|穹|庐| |笼| | |
|---|---|---|---|---|---|---|---|
|苍| |问| | | | | |
|2苍|蝇|D之|声| |四| |苍|
| | | |子|3野| |茫|茫|
|4E侯|我|于|城|隅| |大| |
|我| |归| |5天|G高|地|厚|
|平| | |F闲| |树| | |
|6巷|陌|秋|千|梦| |颠| |
|兮| | |7远|慰|风|雨|夕|

## 四十三

|1A红|掌|拨|清|波| |2欢|B尺|
|---|---|---|---|---|---|---|---|
|杏| | | | | | |眠|
|3枝|上|C柳|绵|吹|D少| |不|
|头| |暗| | |夺| |成|
|4春|风|花|草|香| |5人|不|
|意| |明| | | |衣|寐|
|闹| |又|向|E人|间|作|F帘|
| | |一| |人| | |寂|
|7农|务|村|村|急| | |衣|
| | | | | | | |寂|

## 四十四

|1A不|论|平|地|与|山|尖|B风|
|---|---|---|---|---|---|---|---|
|管| | | | | | |含|
|2风|起|C绿|洲|吹|浪|去|翠|
|吹| |杨| | | | |筱|
|浪| |阴| |3D千|里|E共|婵|
|打| |里| | |里| |娟|
| | |白| |与| |4歌|尘|
|5醉|卧|沙|场|君|莫|笑|静|
|堤| | | | | |6叹|人|
| | | | | | | |间|

168

## 四十五

|   |   |   |   |   |   |   |
|---|---|---|---|---|---|---|
| 1A 一 | 枝 | B红 | 杏 | 出 | 墙 | 来 |
| 心 |   | 军 |   |   | C日 |   |
| 中 |   | 2不 | E知 | D细 | 叶 | 谁 裁 出 |
| 国 |   | 怕 | 草 |   | 言 |   | 江 |
| 3梦 | 魂 | 远 |   | 微 |   | 寸 |   | 花 |
|   |   | 征 |   | 6凤 | 草 | 草 |   | 红 |
| 4F行 | 路 | 难 |   | 岸 |   | 心 |   | 胜 |
| 人 |   |   |   |   |   |   |   | 火 |
| 5去 | 年 | 今 | 日 | 此 | 门 | 中 |

## 四十七

1A为 谁 辛 苦 B为 谁 甜 C雾
有     有         非
栖   2D天 接 云 涛 连 晓 雾
牲     工   屏           E折
3多 情 却 被 无 情 恼
壮   似   限           芙
志   怜   4娇 面 胜 芙 蓉
羁                     弄
5相 逢 旅 馆 意 多 违     水

## 四十六

1A采 得 百 花 成 蜜 后
    成   无       C她
    比   百 2三 五 在 东
    目   日       丛
    3何 况 开 时 值 雨 中
    辞               关
4D纵 死 犹 E闻 侠 骨 香   F天
扬       天           明
鞭       5笑 语 盈 盈 暗 香 去

## 四十八

1茅 A檐 长 扫 净 无 苔 B习
          空             习
    2归 雁 入 C胡 天     春
        叫   天 3D北   风 吹
    E引   霜   八     飞
    势   晨   4月 黑 雁 飞 F高
    月   月   即         岸
    初       飞         为
5三 千 世 界 雪 花 中     谷

## 四十九

| 1A花 | 木 | 成 | 哇 | 手 | 自 | 栽 | B战 |
|---|---|---|---|---|---|---|---|
| 自 |  |  |  |  |  |  | 士 |
| 飘 |  | C粉 |  | D化 |  |  | 军 |
| 2零 | 落 | 成 | 泥 | 碾 | 作 | 尘 | 前 |
| 水 |  | 尘 |  | 鸳 |  |  | 半 |
| 自 |  |  | 3鸳 | 鸳 | 会 | 双 | 死 |
| 流 |  | E胡 |  | 一 |  |  | 生 |
|  | 4不 | 凉 | 人 | 只 |  |  |  |
| 5之 | 子 | 归 |  | 飞 | 鸣 | 镝 |  |

## 五十

| 1A一 | 为 | 迁 | 客 | 去 | 长 | 沙 | B一 | C一 |
|---|---|---|---|---|---|---|---|---|
| 年 |  |  |  |  |  | 棠 |  | 丈 |
| 2一 | 蓑 | D一 | 笠 | E一 | 扁 | 舟 |  | 丝 |
| 度 |  | 曲 |  | 人 |  |  |  | 纶 |
| 3秋 | 日 | 高 | 鸣 | 独 | 见 | 知 |  | 一 |
| 风 |  | 歌 |  | 钓 |  |  |  | 寸 |
| 劲 |  | 一 | 叫 | 一 | 声 | 残 |  | 钩 |
|  |  |  | 樽 |  | 江 |  |  |  |
| 5一 | 壶 | 酒 | 6秋 | 天 | 万 | 里 | 明 |  |

## 竞赛级

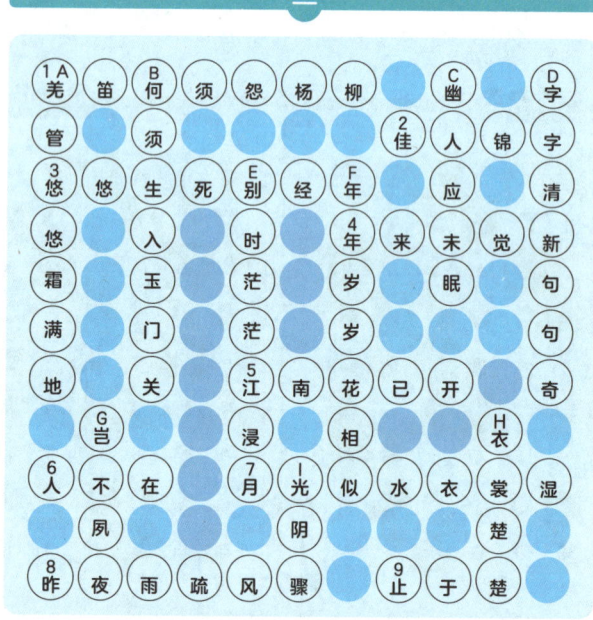

### 一

| 1A羌 | B笛 | 何 | 须 | 怨 | 杨 | 柳 | C幽 |  | D字 |
|---|---|---|---|---|---|---|---|---|---|
| 管 |  | 须 |  |  |  |  | 2佳 | 人 | 锦 | 字 |
| 3悠 | 悠 | 生 | 死 | E别 | 经 | F年 | 应 |  | 清 |
| 悠 |  | 入 |  | 时 |  | 4年 | 来 | 未 | 觉 | 新 |
| 霜 |  | 玉 |  | 茫 |  | 岁 |  | 眠 |  | 句 |
| 满 |  | 门 |  | 茫 |  | 岁 |  |  |  | 句 |
| 地 |  | 关 |  | 5江 | 南 | 花 | 已 | 开 |  | 奇 |
|  | G岂 |  |  | 浸 |  | 相 |  | H衣 |  |
| 6人 | 不 | 在 | 7月 | 光 | 似 | 水 | 衣 | 裳 | 湿 |
|  | 夙 |  |  | 阴 |  |  |  | 楚 |
| 8昨 | 夜 | 雨 | 疏 | 风 | 骤 |  | 9止 | 于 | 楚 |

二

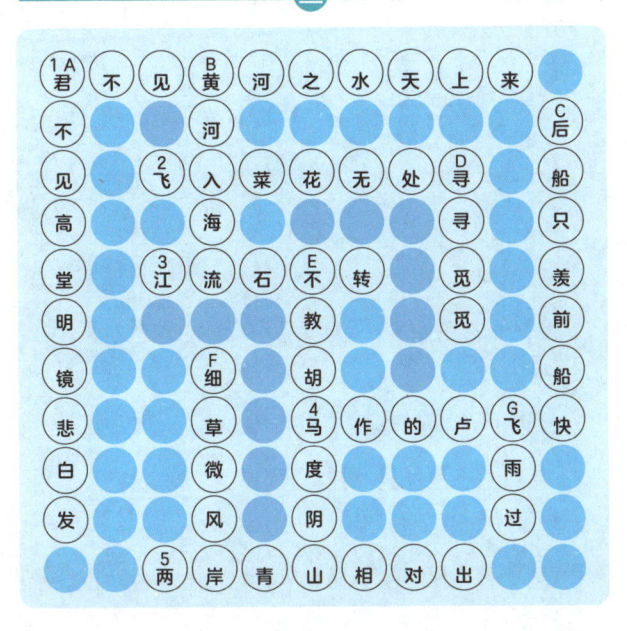

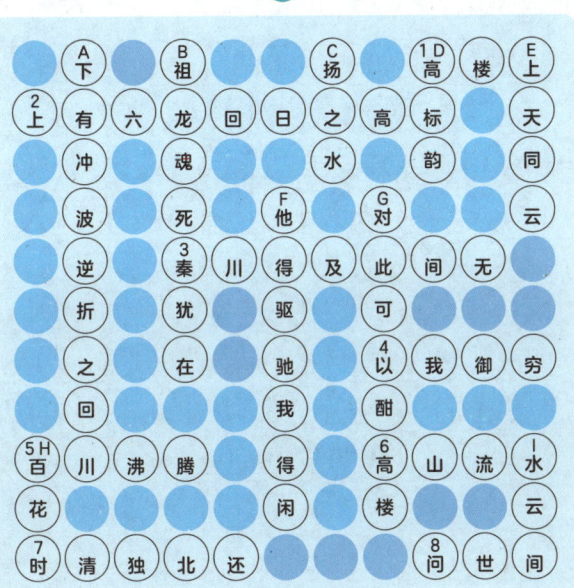

1A君不见B黄河之水天上来
不　　河　　　　　　　C后
见　2飞入菜花无处D寻船
高　　海　　　　寻　只
堂　3江流石E不转　觅　羡
明　　　　教　　觅　前
镜　　F细　胡　　　　船
悲　　草　4马作的卢G飞快
白　　微　度　　　雨
发　　风　阴　　　过
　　　5两岸青山相对出

三

　A下　B祖　　C扬　1D高楼E上
2上有六龙回日之高标　天
　冲　魂　　水　韵　同
　波　死　F他　G对　云
　逆　3秦川得及此间无
　折　犹　驱　可
　之　在　驰　4以我御穷
　回　　　我　酌
5H百川沸腾　得　6高山流水云
花　　　　闲　楼　　
7时清独北还　　8问世间

## 四

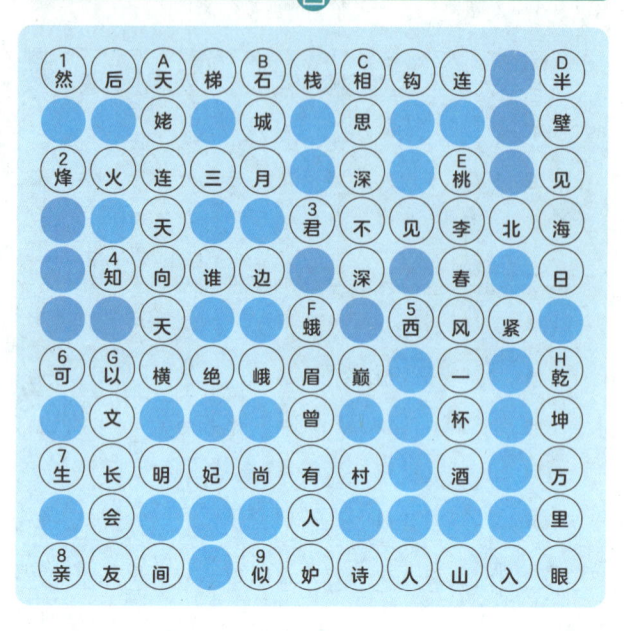

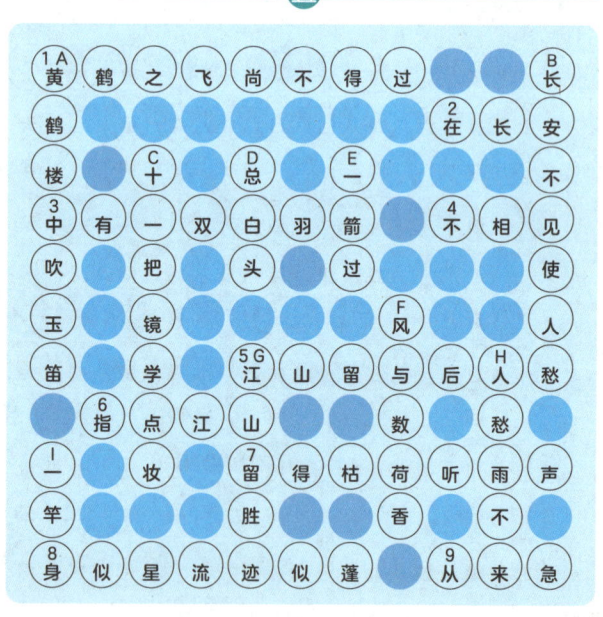

|   | A | | B | | C | | | | D |
|---|---|---|---|---|---|---|---|---|---|
|1然|后|天|梯|石|栈|相|钩|连|半|
| | |姥|城| |思| | | |壁|
|2烽|火|连|三|月|深| |E桃| |见|
| | |天| |3君|不|见|李|北|海|
| |4知|向|谁|边|深| |春| |日|
| | |天| |F蛾| |5西|风|紧| |
|6可|G以|横|绝|峨|眉|巅| |一|H乾|
| |文| | |曾| | |杯| |坤|
|7生|长|明|妃|尚|有|村| |酒|万|
| |会| | |人| | | | |里|
|8亲|友|间| |9似|妒|诗|人|山|入|眼|

## 五

|1A黄|鹤|之|飞|尚|不|得|过| | |B长|
|---|---|---|---|---|---|---|---|---|---|---|
|鹤| | | | | | |2在|长|安|
|楼| |C十| |D总| |E一| | |不|
|3中|有|一|双|白|羽|箭| |4不|相|见|
|吹| |把| |头| |过| | | |使|
|玉| |镜| | | |F风| | |人|
|笛| |学|5G江|山|留|与|H人|愁|
| |6指|点|江|山| |数| |愁| |
|一| |妆|7留|得|枯|荷|听|雨|声|
|竿| | |胜| | |香| | |不|
|8身|似|星|流|迹|似|蓬| |9从|来|急|

172

## 六

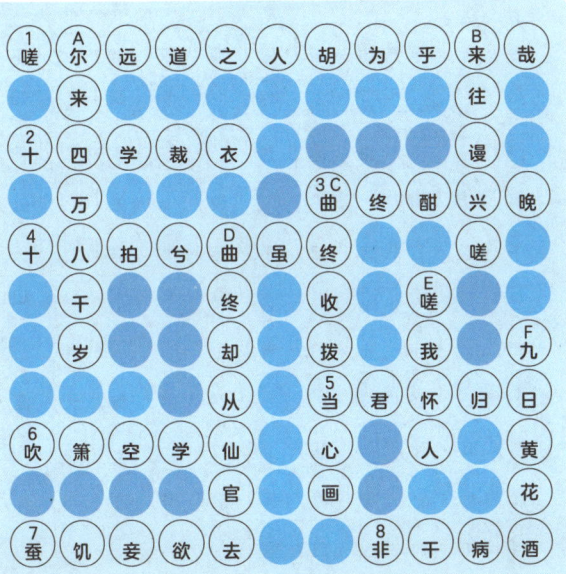

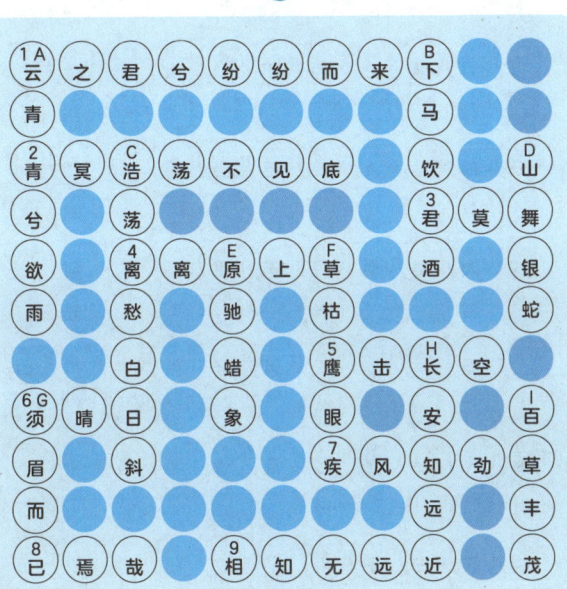

1. 嗟A尔远道之人胡为乎B来哉
   来 往
2. 十四学裁衣 漫
   万 3C曲终酣兴晚
4. 十八拍兮D曲虽终 嗟
   千 终 收 E嗟
   岁 却 拨我 F九
   从 5当君怀归日
6. 吹箫空学仙 人 黄
   官 画 花
7. 蚕饥妾欲去 8非干病酒

## 七

1A云之君兮纷纷而来B下
  青 马
2. 青C冥浩荡不见底 饮 D山
   兮 荡 3君莫舞银
   欲 4离离E原上F草 酒 蛇
   雨 愁 驰 枯
   白 蜡 5鹰击H长空
6G须 晴 日 象 眼 安 I百
   眉 斜 7疾风知劲草
   而 远 丰
8. 已 焉 哉 9相知无远近 茂

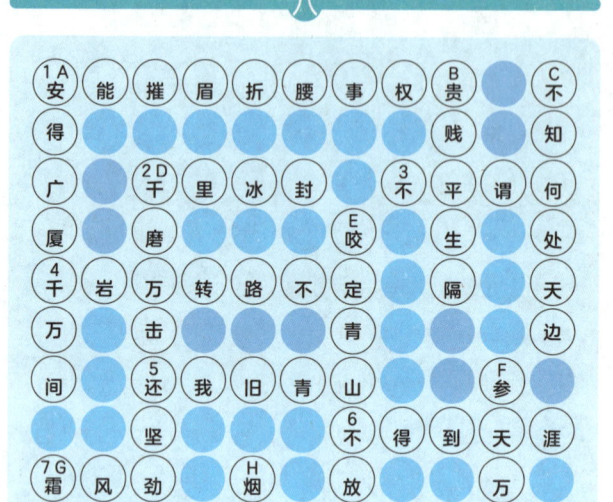

## 八

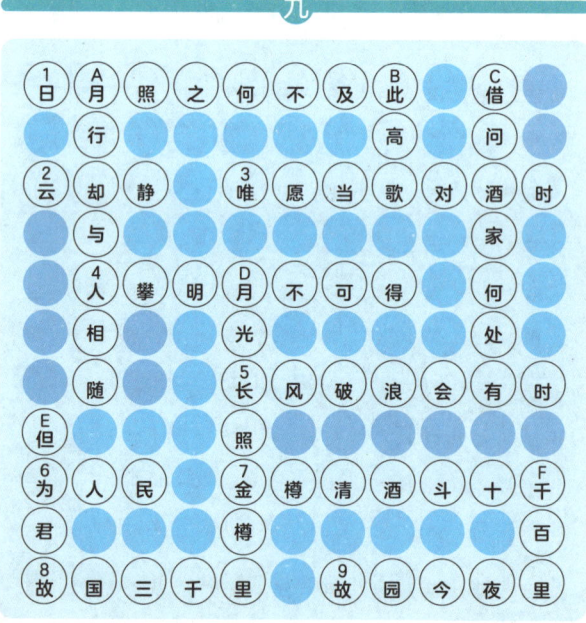

1A 安得广厦千万间
2D 干里冰封
3 不平谓生隔
C 不知何处
E 咬定青山
4 千岩万转路不定
5 还我旧青山
6 不得到天涯
F 参
7G 霜晨
H 烟
放万
8 野渡苍松横古木
9 月如钩

A 能推眉折腰事权贵
B 贵贱
D 磨
E 咬
坚
风劲

## 九

1 日A 月照之何不及
B 此高
C 借问
行
2 云却静
3 唯愿当歌对酒时
酒家
与
4 人攀明D 月不可得
何处
相
光
随
5 长风破浪会有时
E 但
照
6 为人民
7 金樽清酒斗十F 千
君
樽
百
8 故国三千里
9 故园今夜里

## 十

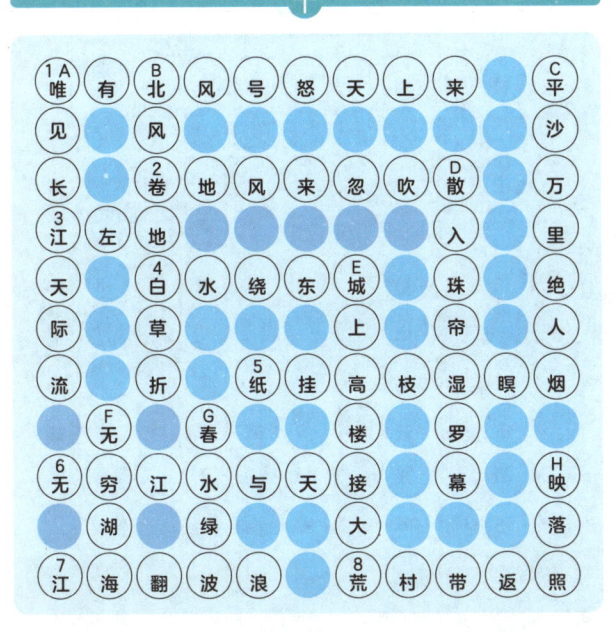

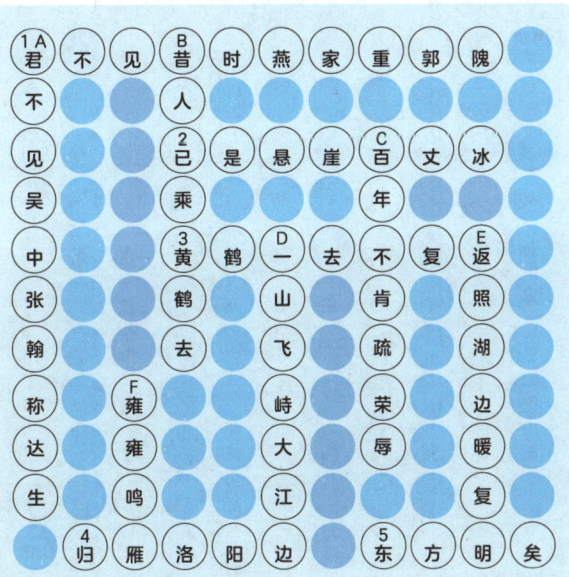

Grid 1 (crossword-style puzzle):

- 1A: 唯有北风号怒天上来 C平沙万里绝人烟
- 见 / 风
- 长 / 2卷地风来忽吹 D散
- 3江 左地 / 入
- 天 4白水绕东E城珠帘
- 际 草 / 上
- 流 折 5纸挂高枝湿瞑烟
- F无 G春 / 楼 罗
- 6无穷江水与天接 幕 H映
- 湖 绿 大 落
- 7江海翻波浪 8荒村带返照

## 十一

Grid 2:

- 1A君不见B昔时燕家重郭隗
- 不 人
- 见 2已是悬崖C百丈冰
- 吴 乘
- 中 3黄鹤D一去不复E返
- 张 鹤 山 肯 照
- 翰 去 飞 疏 湖
- 称 F雍 岘 荣 边
- 达 雍 大 辱 暖
- 生 鸣 江 复
- 4归雁洛阳边 5东方明矣

十二

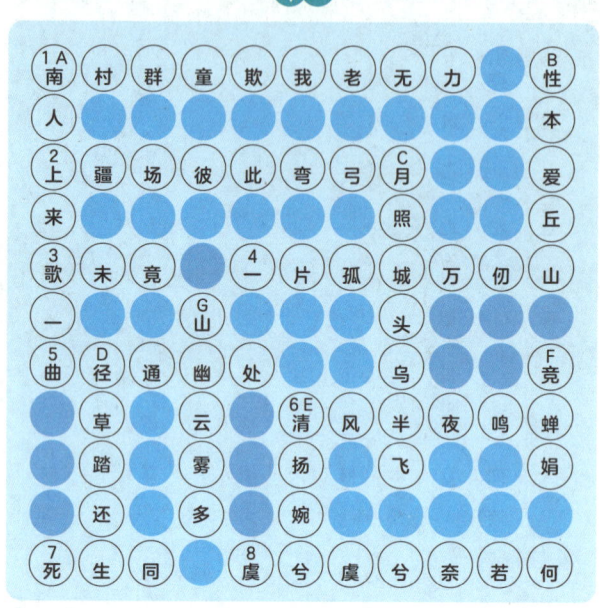

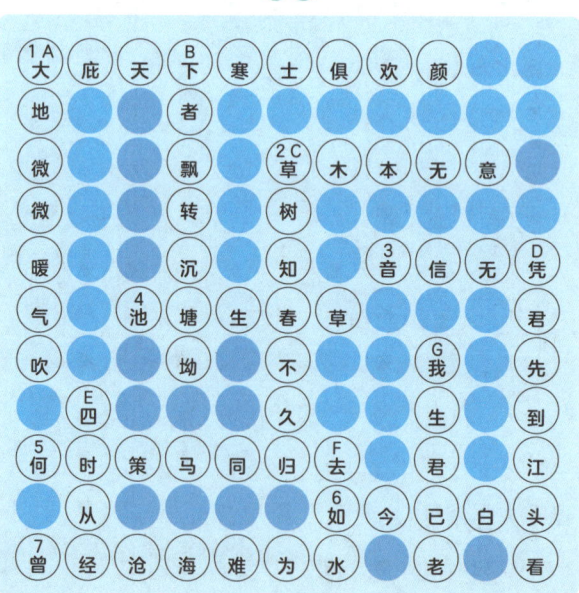

```
1A 南 村 群 童 欺 我 老 无 力    B性
   人                            本
2  上 疆 场 彼 此 弯 弓  C月      爱
   来                    照      丘
3  歌 未 竟    4一 片 孤 城 万 仞 山
   一      G山             头
5  曲  D径 通 幽 处         乌      F竞
      草    云  6E清 风 半 夜 鸣 蝉
      踏    雾    扬    飞       娟
      还    多    婉
7  死 生 同    8  虞 兮 虞 兮 奈 若 何
```

十三

```
1A 大  庇  B天 下 寒 士 俱 欢 颜
   地      者
   微      飘   2C草 木 本 无 意
   微      转      树
   暖      沉      知   3音 信 无  D凭
   气   4池 塘 生 春 草        君
   吹      坳    不      G我   先
        E四          久    生   到
5  何  时 策 马 同 归  F去  君   江
       从           6如 今 已 白 头
7  曾  经 沧 海 难 为 水    老   看
```

## 十四

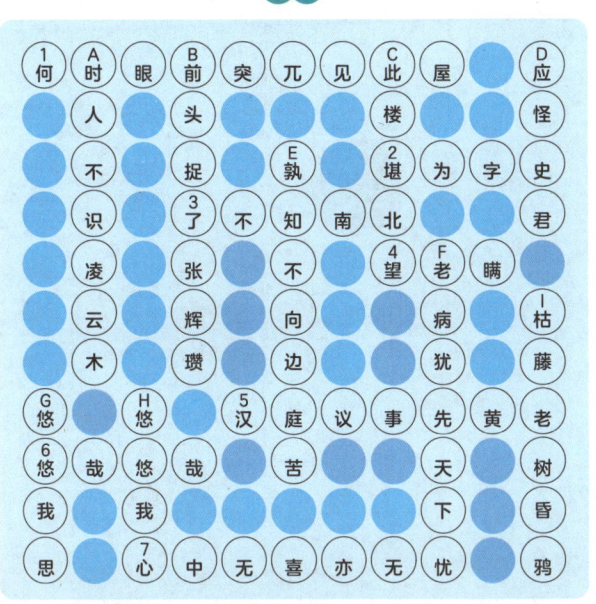

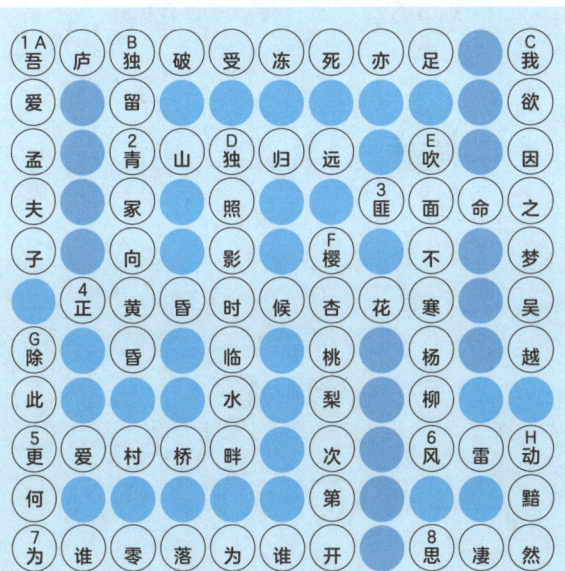

1 何人不识凌云木
A 时
B 前头捉了张辉瓒
E 孰不知南北
C 此楼
2 堪为字
D 应怪史君
4 望老瞒
I 枯藤老树昏鸦
G 悠悠
H 悠哉悠哉
6 我思
5 汉庭议事先黄
7 心中无喜亦无忧

## 十五

1 A 吾爱孟夫子
B 庐独破受冻死亦足
C 我欲因之梦吴越
2 青山独归远
D 独照影
E 吹面不寒
F 樱
3 匪
4 正黄昏时候杏花寒
G 除此
5 更何
6 风雷
H 动
7 为谁零落为谁开
8 思凄然